德法合治视域下红色基因融入法学教育的路径探索与模式创新

张 伟 著

重庆大学出版社

图书在版编目(CIP)数据

德法合治视域下红色基因融入法学教育的路径探索与
模式创新 / 张伟著.--重庆:重庆大学出版社,2021.11
ISBN 978-7-5689-3073-4

Ⅰ.①德… Ⅱ.①张… Ⅲ.①革命传统教育—应用—
高等学校—法学教育—研究—重庆 Ⅳ.①D92-4

中国版本图书馆 CIP 数据核字(2021)第 246365 号

德法合治视域下红色基因融入法学教育的
路径探索与模式创新

张 伟 著

责任编辑:张红梅 版式设计:张红梅
责任校对:谢 芳 责任印制:邱 瑶

*

重庆大学出版社出版发行
出版人:饶帮华
社址:重庆市沙坪坝区大学城西路 21 号
邮编:401331
电话:(023) 88617190 88617185(中小学)
传真:(023) 88617186 88617166
网址:http://www.cqup.com.cn
邮箱:fxk@ cqup.com.cn(营销中心)
全国新华书店经销
重庆俊蒲印务有限公司印刷

*

开本:787mm×1092mm 1/16 印张:8.5 字数:178 千
2021 年 12 月第 1 版 2021 年 12 月第 1 次印刷
ISBN 978-7-5689-3073-4 定价:42.00 元

　　本书系 2020 年重庆市教育委员会人文社会科学研究基地项目（20JD017）、2019 年重庆市高等教育教学改革研究一般项目（193052）和 2019 年西南政法大学高等教育教学改革研究项目（2019C01）之研究成果。

目　录

绪　论

一、研究背景与选题意义

（一）研究背景

1.德法合治的大背景

追古溯今,德治与法治的结合并重早已成为贯穿中华民族国家治理体系的政治文明传统。历史上能够做到隆礼重法、德法合治的王朝大都迎来了盛世之局面。以史为鉴,新时代中国特色社会主义国家的建设与发展更应坚持德法合治。习近平总书记指出,"法律是成文的道德,道德是内心的法律"①。法律和道德都具有规范社会行为、调节社会关系、维护社会秩序的作用,在国家治理中都有其地位和功能。法安天下,德润人心。法律的有效实施有赖于道德支持,道德践行也离不开法律约束。法治和德治不可分离、不可偏废,国家治理需要法律和道德协同发力。因此,在中国新时代的发展过程中,我们要坚持法律与道德并重,以道德滋养法律,以法律保障道德,以此助力中华民族伟大复兴的中国梦的实现。

2.法学教育的缺失

为贯彻落实德法合治的治国方略,加强德法兼修的法治人才培养成为必然趋势。不可否认,我国法制建设史上有过一段相对偏重学习和借鉴西方法律制度和理论的历史,相应的法学教育也经历了这样一段历史,加之,在全球化推进的过程中,我国学习国外贸易伙伴的法律制度和国际通行贸易规则的需求日益增加,因此,我国的法学教育应该更加警惕其中潜在的去意识形态化,充分促进我国法律发挥其巩固社会主义意识形态的作用。此外,当下我国法律实际运行中还存在着更为严峻的道德问题。正如有学者总结论述到,一个思想品德

---

① 习近平.习近平谈治国理政[M].北京:外文出版社,2014:141.

高尚的人即使不精通法律,但基于对社会主义事业的热爱和忠诚,也会恪尽职守,廉洁奉公;反之,一个精通法律却品德败坏的人却只会利用法律漏洞,玩弄法律于股掌之间,进而严重亵渎法律的尊严与神圣。① 因此,法学教育中法律信仰培养的缺失、法律道德教化的忽视等问题已然不容回避,必须加以解决。

3.传承红色基因,培养德法兼修的法治人才

基因又称遗传因子,它储存着生命的种族、血型、孕育、生长、凋亡等过程的全部信息。因此,无论是生命意义上还是民族层面上的继承者,我们对革命先辈的红色精神的传承都是应然的更是必然的。在新时代,法治人才对红色基因的传承关系到自身品质的形成以及中国特色社会主义法治体系的构建,与我国民族复兴的使命更是紧密相连。红色基因是我们党领导广大人民群众在长期的革命、建设和改革过程中不懈奋斗形成的宝贵的道德品质和精神意志,充分体现了中国共产党人的思想意识、精神风貌和优良作风,是蕴含在每一位中华儿女血脉中的优良基因。在异常艰难的革命年代,革命先辈用理想信念甚至生命铸就了值得后世薪火相传的红色基因,我们应牢记历史,传承先辈精神,为中华民族共同的理想信念而奋斗。"让信仰之火熊熊不息,让红色基因融入血脉,让红色精神激发力量。"党的十八大以来,习近平总书记多次前往革命老区,参观英雄模范人物展览,为全党同志解密一个个红色基因密码。此外,习近平总书记在"不忘初心、牢记使命"主题教育工作会议上再次强调要传承红色基因,并明确指出:"思想政治受洗礼,重点是教育引导广大党员干部坚定对马克思主义的信仰、对中国特色社会主义的信念,传承红色基因,增强'四个意识'、坚定'四个自信'、做到'两个维护',自觉在思想上政治上行动上同党中央保持高度一致,始终忠诚于党、忠诚于人民、忠诚于马克思主义。"②对此,为进一步促进德法兼备的法治人才的培养,可从深入学习贯彻习近平总书记关于传承红色基因的系列重要论述着力,将红色基因的深刻内涵融入法学教育,以此激活流淌在广大律政青年血脉中的红色因子,坚定为中国特色社会主义建设与发展服务的信念。

(二)选题意义

1.传承红色基因是高校"立德树人"的根本要求

习近平总书记在 2018 年全国教育大会上指出,要坚持把立德树人作为教育的根本任

---

① 陈晓雷.思想政治教育向法学教育的渗透研究[J].国家教育行政学院学报,2012(2):28.
② 习近平.习近平谈治国理政:第 3 卷[M].北京:外文出版社,2020:525.

务,强调立德树人根本任务的完成要从方方面面下足功夫:第一,要在坚定理想信念上下功夫,教育引导学生树立共产主义远大理想和中国特色社会主义共同理想,增强学生的中国特色社会主义道路自信、理论自信、制度自信、文化自信,立志肩负起民族复兴的时代重任;第二,要在厚植爱国主义情怀上下功夫,让爱国主义精神在学生心中牢牢扎根,教育引导学生热爱和拥护中国共产党,立志听党话、跟党走,立志扎根人民、奉献国家;第三,要在加强品德修养上下功夫,教育引导学生培育和践行社会主义核心价值观,踏踏实实修好品德,成为有大爱大德大情怀的人;第四,要在增长见识上下功夫,教育引导学生珍惜学习时光,心无旁骛求知问学,增长见识,丰富学识,沿着求真理、悟道理、明事理的方向前进;第五,要在培养奋斗精神上下功夫,教育引导学生树立高远志向,历练敢于担当、不懈奋斗的精神,具有勇于奋斗的精神状态、乐观向上的人生态度,做到刚健有为、自强不息;第六,要在增强综合素质上下功夫,教育引导学生培养综合能力,培养创新思维。然而我们对红色基因的传承主要是通过继承与发扬先辈高尚的共产主义理想信念、道德情操、意志品质、精神风貌等优秀基因,促进"继承者"自身品德意志的塑造进行的。由此可见,高校立德树人的根本要求与红色基因的传承具有一致性。因此,对高等教育而言,传承红色基因所具有的重要意义不言而喻。对先辈的高远志向、高尚情怀的传承与弘扬将促使高校师生坚定理想信念,进而助力民族复兴伟大征程。

2.传承红色基因是高素质法治人才培养的必然选择

理想指引人生方向,信念决定事业成败。全面推进依法治国,建设一支高素质法治队伍至关重要。然而,高素质法治队伍建设不仅要夯实法治人才的专业理论功底,更要重视促进其良好的德性品质的形成,以此培养出德法兼修的高素质法治人才。对于法科生思想道德素养的培养,纯粹的思想道德理论灌输终是治标而未治本,而述红色经典以弘扬红色基因则以鲜活的史实从根本上对其予以思想品德的教化。以此,借红色经典对法科生积极开展理想信念教育、中华优秀传统法律文化教育,将从根本上把社会主义核心价值观贯穿法治人才培养的全过程。由此,为法科生树立人生目标、找准发展方向提供有力指导,并促使其在感悟法治进步中坚定理想信念,在了解先辈疾苦中磨炼坚强意志,从而激励他们在不懈奋斗中实现自我价值。

3.传承红色基因是新形势下意识形态领域斗争的迫切需要

改革开放以来,我国经济发展迅速,人民生活水平得到大幅度提升。但在新形势下,西方敌对势力却从未放松在意识形态领域对我国的围攻和遏制,不断地大肆推行"和平演变"战略,企图对中国进行思想文化方面的渗透、分裂和颠覆。企图通过新闻、影视、文学等多种途径,宣扬所谓的西方文化形式和生活方式,诱使青年一代滋生自由主义、个人主义、享乐主义和拜金主义等错误的观念,消解我国青年一代对本国文化的认同。因此,高校必须不断强化阵地意识和底线意识,用红色基因塑造大学生,帮助其树立正确的世界观、人生观、价值观,提高政治敏锐性,旗帜鲜明地反对和抵制各种错误观点和思潮。

二、研究现状综述

(一)学术史梳理

1.红色基因研究现状分析

目前,国内关于传承红色基因的研究成果比较丰富,对本书开展红色基因融入法学教育的相关研究具有十分重要的借鉴意义。总体上看,现有成果主要对红色基因的历史渊源、内涵与功能,传承红色基因的意义、面临的问题以及途径与方法等方面进行了研究探索。由此可见,对于红色基因的研究呈现出由知到行的深入探索态势,并通过研究红色基因的传承推动了军事、政治与教育等领域的理论与实践发展。

（1）红色基因的形成和内涵

对于红色基因历史渊源的梳理,大多数研究者以中国新民主主义革命为起点对红色基因的形成历史进行探索研究。这部分研究者大多以新民主主义革命以来的历史事件为基础,分析归纳历史事件中以中国共产党人为主体的革命者所展现出来的意志品质、精神风貌。譬如,魏美玉通过梳理中国共产党人在井冈山革命斗争时期建立井冈山革命根据地,实事求是地探索开辟中国革命道路的历史史实,探索分析了在这一过程中所形成的坚定信念、实事求是、依靠群众、敢于创新、无私奉献等红色基因。宋月红对中国共产党在长征过程中的史实和事件进行了研究,并分析归纳出长征精神中所蕴含的"坚定革命理想""坚持中国共产党的领导"以及"艰苦奋斗"①的精神品质,即红色基因的重要组成部分。就该部分学者的研究而言,其实质都是从革命实践活动中进行归纳总结,即对红色基因形成渊源的实践基础进行了研究分析。同时,也有一些研究者通过红色基因所形成的理论基础和思想来源进一步全面探索了红色基因的源流。譬如,张鑫宇研究指出,"马克思主义是红色基因孕育形

---

① 宋月红.长征精神:中国共产党人的红色基因[J].红旗文稿,2016(23):37-38.

成的理论指南","离开了中国化的马克思主义就很难有我国社会主义事业的前进,更没有红色基因的产生与传承"①。显然,这一类研究者通过进一步分析和阐释红色基因形成的理论思想来源,对红色基因的形成过程进行了多方面的探索分析研究。

学界对红色基因基本内涵的界定,从不同维度、不同视角进行了论述。但大多数研究者还是认为,红色基因的基本内涵主要包括共产主义的理想信念、对党对国家对人民的忠诚品质、无私的牺牲奉献精神以及艰苦奋斗的工作作风等四个方面。而这四个方面在得到广大研究者的普遍认同的同时,也反映出了研究者们力图从中国共产党的宗旨、初心与使命出发揭示红色基因基本内涵的意图。除此之外,还有研究者认为,从红色基因形成过程的角度切入,红色基因是指在中国共产党领导中国人民进行艰苦卓绝的探索与奋进、抗争与改造、改革与开放的历史进程中凝炼而成的伟大精神成果。这种对红色基因内涵的界定实质上蕴含着辩证法的思维方式,由此将红色基因内涵的阐释不局限于党的革命时期,而是以发展的眼光赋予红色基因时代内涵,促使红色基因的基本内涵与时俱进,更好地融入时代发展。关于红色基因的内涵,研究者们基于不同视角对其加以表述和界定,但不难看出,研究者们在红色基因的基本内涵上还是达成了普遍共识,并且对于红色基因基本内涵的表述严格遵循红色基因本身所具有的综合性和系统化属性,从而在一定程度上避免了对其界定的碎片化。

（2）传承红色基因的可行性与必要性

针对传承红色基因的可行性与必要性,研究者们从不同视角对不同领域进行了研究和阐述。对于传承红色基因的可行性的分析论述,研究者们主要围绕红色基因自身的功能性来进行论证。魏美玉指出,红色基因是在特定历史发展过程中形成的精神风貌与意志品质,它通过或精神或物质的形态存续下来,是"红色文化中除了物质文化之外的、精神文化与制度文化的统一体"②。作为红色文化核心因子的红色基因亦具有文化的特定功能,又具备一般文化所不具备的党的特殊的政治文化功能。也有部分研究者认为传承红色基因对社会和公民价值取向、国家扶贫工作以及高等教等具有一定的积极作用。田歧瑞和黄蓉生认为,传承红色基因对丰富社会主义核心价值观的精神内容,以及对"培育和践行社会主义核心价值观具有积极的推动作用"③。占时杰则指出,传承红色基因对促进精准扶贫工作、凝聚思想共识、聚集中国力量具有积极作用。时玉柱则表明,传承红色基因对引导大学生更加准确全面地认识中华民族的历史传统、文化内涵、基本国情,认清中国特色社会主义开创、发展的历史必然性,坚定走中国特色社会主义道路,实现中华民族伟大复兴的中国梦具有重要作用。此外,对于传承红色基因的重要性的研究,归结起来,主要聚焦于传承红色基因在指引方向

① 张鑫宇.大学生思想政治教育传承红色基因研究[D].漳州:闽南师范大学,2019.
② 魏美玉.井冈山红色基因的内涵与功能研究[D].南昌:华东交通大学,2016.
③ 田歧瑞,黄蓉生.社会主义核心价值观的红色基因论略[J].西南大学学报(社会科学版),2015,41(3):48-54.

和提供精神动力两个方面的重要意义,在红色基因的研究文献中占据了较大的比重。周兴兵指出,"红色基因是我党我军宝贵的精神财富",是新时代军队建设中坚定守住政治信仰高地,时刻保持"政治清醒、思想纯洁和行动自觉"的重要保证①。梁珂静则指出,我们党的优良传统和红色基因历来与肩负的历史使命联系在一起,并最终要体现在履行使命上。由此,作为新时代中国特色社会主义事业的建设者和接班人,为实现中华民族伟大复兴的中国梦,青年大学生更应该从红色基因中充分汲取忠诚使命、献身使命、不辱使命的精神养分,把红色基因作为促进自身全面健康发展、成长成才的重要精神力量的源泉。

(3)传承红色基因存在的问题

尽管大部分文献着重研究了红色基因在高校大学生、军队官兵、党员干部等不同社会群体中的传承,但传承中存在的问题却具有一定的共通性。总的来看,这些问题可归纳为红色基因传承的引导者方面存在的问题、红色基因传承的接受者方面存在的问题以及红色基因传承现有的客观条件方面存在的问题等。

红色基因传承的引导者方面存在的问题主要在于:其一,引导方式缺乏创新。有研究者通过研究发现,在开展"红色基因传承"的主题教育活动中,不同引导者在对学生进行红色教育时,列举的例子大都相同且早已被学生熟知,这在一定程度上降低了红色基因的传承效果;而且墨守成规的讲授有时甚至还会让一些学生产生厌烦心理,认为这就是一次枯燥的思想品德教育课,从而排斥引导者教授的内容。其二,引导者对红色基因传承的重视程度不够。张鑫宇指出,当前高校相对多地注重校园硬件设施和办学质量,对于红色基因传承的重视程度不够。同时,该研究者还指出,高校对红色基因传承的重视大多还停留在理论认同层面,传承红色基因的实践活动只是偶尔开展,未能在行动层面有效重视红色基因的传承。

而红色基因传承的接受者方面存在的问题又主要表现为:第一,红色基因传承过程中,接受者普遍缺乏主动性。红色基因的传承不应该是一种被动接受的过程,而应该是一种积极主动接受熏陶并付诸实践的过程。研究者发现,多数接受者由于对红色基因的认识不足,对于红色基因的传承显得漠不关心,即使是接受红色教育也只是做表面功夫,并没有在情感上对红色基因的传承产生共鸣。第二,在多元价值观和意识思潮的影响下,部分接受者开始认为在当今丰富的物质生活条件下红色基因已然"过时""无用"。研究者指出,在此种思想认识的影响下,接受者的牺牲奉献精神有所弱化,功利思想开始抬头,对于传承红色基因则表现出一定的消极行为,从而阻碍红色基因传承实践的展开。

从传承红色基因现有的客观条件来看,存在的问题主要为:第一,红色基因的传承模式、

---

① 周兴兵.传承红色基因 凝聚精神力量 努力为实现党在新时代的强军目标不懈奋斗[J].国防,2018(12):15-17,65.

方法相对单一,互动性不足,缺乏创新。刘淑娥指出,当前,党建工作中红色基因的传承仍"将单纯讲述革命先烈、英雄人物以及榜样干部的先进事迹作为主要的教学方式"[①],在与时代主流文化对接以及引导者与接受者之间的交流互动方面还有所欠缺。张鑫宇则指出,高校主题教育活动多由校、院、班三级组织开展,但活动的主题却鲜有传承红色基因方面的内容,即使有这方面的内容,在活动的前期策划、内容呈现、组织实施方面仍然存在重叠性和趋同性,这样的活动虽便于组织、开展和实施,但长此以往却使学生缺乏新鲜感,进而引发对此类活动的疲劳感、倦怠感。第二,传承红色基因的机制不健全。部分研究者认为,红色基因的传承效果不佳,一定程度上是由于传承红色基因的机制不健全。譬如,传承红色基因的领导机制不健全,导致红色基因传承活动缺乏有力的组织领导,下级单位仅是任务性地完成该项工作,而未关注传承红色基因的措施的合理性和效果。也有部分研究者表明,多数红色基因传承活动没有建立起相应的实施方法与效果反馈机制和评估体系。这就使红色基因传承活动的引导者缺乏主动宣传的热情与内在动力,也使得红色基因传承的实际效果难以得到及时的反馈,进而导致红色基因传承方法与思路难以获得科学的评估与及时的改进。第三,红色基因传承过程中对网络平台的利用还不够。当今时代,网络的普及程度得到极大的提升,并且基于网络的传播速度以及接受者的广泛性,红色基因的传承更应利用好网络平台,加强红色网站的建设,构建起红色基因传承的网络宣传平台。但在实际操作过程中,红色基因网络宣传平台存在着诸多问题,以致严重影响红色基因的传承效果。占时杰指出,红色基因网络宣传平台存在着网站技术提升与实时更新慢,以及缺乏增强互动性的交流板块等问题,这就使得红色基因网站的建立未能将其最大作用价值发挥出来。同时,他也提到了红色基因网络宣传平台关注度与影响力的问题。红色基因网络宣传平台的关注度不高,点击率低,一定程度上表明红色基因网站在接受者中的影响力和知名度都有待提升。

(4)传承红色基因的途径

对于红色基因传承途径的研究,研究者们大都从不同角度进行了分析论证,力图保证红色基因通过多种途径得到切实有效的传承。总体来看,关于传承红色基因途径的研究主要聚焦于以下四个方面。

一是,充分发挥课堂教育的"主阵地"作用。针对高校思政教育过程中的红色基因传承而言,研究者们提出要充分发挥课堂教育的"主阵地"作用。有研究者针对红色基因传承多以口头讲授方式来展开的弊端,提出高校要开设与红色文化有关的选修课和必修课,综合运用讲授式、参与式、音频式、研究式等多种教学方法,使学生多角度、多维度地感悟中国共产党的艰苦革命岁月,进而将革命先辈们留下的红色基因内化为自己一生的价值追求。

---

① 刘淑娥.红色基因助力党建工作创新[J].人民论坛,2018(24):94-95.

二是,增强红色基因传承的实践性。研究者们就传承红色基因的途径,提出要实现宣传教育与实践活动相结合。他们研究指出,红色基因的传承无论是融合于高校教育,还是党的建设、军队建设、扶贫攻坚等领域,都难免流于理论或口头上,因此,研究者们皆提出要切实促进传承红色基因的实践活动的开展,进而从行动上确保红色基因得到有效的传承。譬如,姜焕良指出,"思政课实践教学是传承红色基因的重要路径"[①],因为实践教学可以让学生实地参观考察,相对于课堂教学更加直观、生动。而且这种切身体验和感受对学生思想意识的形成、理想信念的树立、价值标准的选择的影响是抽象的,是理论教学难以实现的。

三是,充分利用网络平台促进红色基因的传承。不可否认,社会信息化已然是当今时代的一大特征,随着互联网移动终端的普及,新媒体方式不断涌现并为广大群众所接受。对此,研究者们意识到要充分利用新媒体传播速度快、覆盖面广的优势,占领网络高地,使之成为红色文化传播和红色基因传承的有效途径。对此,金懿提出,"信息化时代激活大学生党员红色基因的传承"要在丰富传承形式上下功夫,特别是促进"线上线下相结合"[②]。由此,通过微信、微博和网站实现红色基因传承的线下与线上教育有机结合,甚至通过网络进行红色文化宣传和主题活动展示。

四是,促进红色基因传承机制与平台的建设。对于红色基因传承的实际效果不佳的难题,多数研究者提出,建设红色基因传承机制与平台,从而提升红色基因传承的实际效果。有研究者提出,传承红色基因可建立起考核评估与反思反馈机制,由此促进红色基因传承引导者宣传引导的积极性,以及接受者接受的主动性,同时也能及时获取红色基因传承方式的反馈。再有,温向娜指出,可通过创新平台建设来提升红色基因传承的效果。譬如,通过建立制度平台,完善法律法规对红色基因传承的保障作用。再者,通过创建教育平台,有计划、有目的地向国民传输红色文化,以此保证红色基因传承为国民所接受和认同。此外,还可通过建立示范平台,充分发挥传承红色基因的先锋模范人物的示范作用。

2.法学教育与思想政治教育相结合的研究现状

我国研究者对法学教育的研究方兴未艾,成果丰硕。而有关红色基因融入法学教育的文献,就检索结果来看,还是比较少的,但论述法学教育与思想政治教育相结合的文献研究却硕果累累。研究者们主要将法学教育和思想政治教育结合起来研究以提高法治人才的思想政治素养,提升法律工作者的职业道德,同时培养适应中国特色社会主义法治体系建设的法治人才。譬如,陈晓雷指出,我国当前的法学教育仍以专业知识传授为主,而对法科生的

---

① 姜焕良.新时代红色基因传承路径研究:以黄冈职业技术学院为例[J].黄冈职业技术学院学报,2019,21(6):87-89.

② 金懿.信息化时代激活大学生党员红色基因传承[J].智库时代,2020(1):39-40.

思想政治教育则主要依靠"两课"教学。由于两者缺少充分的结合,法学教育中出现明显的"德智分离"现象。由此,研究者指出,只有将思想政治教育更加充分地渗透到法律课程之中,培养社会主义情感和理念,形成社会主义法律道德,提高职业法律人的思想政治素质,才能切实增强法律的意识形态功能,促进社会主义法律有效运行。胡明提出,为培养适应中国特色社会主义法治建设的法治人才,在未来的法学教育中,要创新法学教育模式,"以'马工程'系列教材的编写、修订、使用为契机,从'思政课程'向'课程思政'转变"①,强化中国特色社会主义法治理论对法学教育的引领,培养德法兼修的高素质法治人才。杜懿华则指出,针对法学教育中,法科生都热衷于司法考试,却忽略了思想政治教育与职业道德培养的问题,除了要重视思想政治教育对培养高素质法律专业人才的重要性之外,更要增强思想政治教育的载体对法科生潜移默化的影响。譬如,通过各类手机软件、网络视频等学生更容易接受的教育形式加强对法科生思想观念的影响,从而提高法科生的思想政治素养与职业道德素养。

尽管在法学教育过程中广泛开展思想政治教育以提升法治人才的品德素养的研究探索已初显成效,但总体来看,以红色基因融入法学教育为对象的研究可以说还是一个薄弱点。通过检索发现,研究阐述红色基因与法治建设相结合的论文为数不多。例如,李婧通过对中国共产党领导下的中央苏区法治建设过程的研究,归纳出"中央苏区法治所蕴含的坚持共产党领导的根本原则、支持人民当家作主的根本价值追求、探索依法执政的重要特征,成为中国特色社会主义法治的红色基因②",从而进一步分析研究中国特色社会主义法治的红色基因的源流。关于红色基因与法学教育的融合发展的研究,还处于对其历史源流进行探索的阶段,还未对红色基因融入现当代法学教育实践的可行性与实践措施进行系统的研究论述。

(二)研究现状的评析

总体来看,对红色基因的内涵与传承的研究、阐释已然较为全面和系统,并且也有将思想政治教育融入法学教育中以解决现实中忽略法科生德育的问题,但对于红色基因与法学教育的融合问题还未进行系统、详尽的研究论述。

现已有的成果都是本书的研究基础以及逻辑起点。但值得注意的是,有的成果宣示性、原则性较强,缺乏路径设计和制度安排,在指导法学课程改革以及实践方面有效性不足;有的成果未能立足新时代、新科技的背景,对策和建议过于陈旧,与当代大学生的多元化特征

---

① 胡明.改革开放以来法学教育的成就与展望[J].中国高等教育,2018(24):7-11.
② 李婧.中国特色社会主义法治的红色基因探源[J].思想理论教育导刊,2016(10):90-94.

不相符;有的成果认识不全,只注重从思想政治教育方面着手,忽视或割裂了法学教育的文化传承功能。

譬如,关于红色基因的源流、内涵,红色基因传承的意义与措施的研究都为本书就红色基因的内涵概括、传承红色基因的价值及目标等问题的研究提供了基础。但红色基因传承作为思想政治教育展开的一种形式载体,现有研究对思想政治教育融入法学教育过程中的研究还略显不足。譬如,研究者们所提出的有关思想政治教育融入法学教育中的相关措施多数比较宽泛、宏大,对于实际操作缺乏更为具体的指导。

因此,本书的研究将从很大程度上弥补这些缺憾,即在思想政治教育融入法学教育的大的方向下,进一步从传承红色基因这一方面入手,研究探索红色基因融入法学教育的可行性与必要性,研究论述红色基因融入法学教育的路径与模式创新,为构建法学教育传承红色基因的路径以及相应的制度保障体系提供更为有效的指导。

三、研究思路与方法

(一) 研究思路

遵循理论联系实际的研究规律,通过文献研读和时代背景分析,厘清红色基因的内涵和特征,结合法学教育的特点,分析传承红色基因的目标和价值;通过访谈和问卷调查数据掌握当前法学教育传承红色基因的现状,再进行实证分析;根据实证分析的结果,初步提出路径安排和模式设计;然后将初步方案付诸实施,再根据实践效果进行修正;最后,优化方案,形成结论。

(二) 研究方法

本书采用问卷调查、实地访谈、模型构建等实证方法,以及文献分析、比较研究、逻辑推理等规范方法,定量与定性结合,促使研究结论更合理、更有效。

文献资料法。通过查阅整理以往资料,了解专家学者的最新研究成果,以此为基础,判明所研究问题已取得的前期相关成果、主要的研究领域和能够进行的创新之处。通过阅读原始档案,利用一手资料,进一步了解红色基因传承的主要内容和基本特征等,为本书打下坚实的基础,提供强有力的理论支撑。

实地调查法。深入高校、红色教育基地,调查大学生思想政治教育中传承红色基因的现状,包括取得的成功和存在的问题,获取感性素材,为进一步的研究打好基础。

问卷调查法。采用这种研究方法来获取第一手资料,为研究提供充分可靠的实证。科学设置相关问题,对高校法科生进行问卷调查,对搜集到的数据进行分析,了解并透视红色基因传承在法学教育过程中的开展现状,针对问卷反馈出来的问题提出可行性措施和路径,为本研究的开展提供现实支撑。

比较和综合分析的方法。研究首先对红色基因、红色文化、红色资源三者的内在关系进行比较,其次对红色基因融入法学教育的必要性与可行性进行综合分析,最后把比较与综合相结合。

四、创新与不足

(一)创新点

在研究方法上,本书综合运用历史学、政治学、社会学、文化学、教育学等学科的研究方法,分析考察了红色基因的形成与基本内涵,以及红色基因融入法学教育的时代需要和同为教育学科的育人功能的契合问题。

在研究内容上,本书在调查、分析目前红色基因融入法学教育的状况的基础上,重点研究探索了新时代红色基因融入法学教育的内容选择、平台建设以及方法突破与创新。

在研究视角上,本书突破了以往宽泛地将思想政治教育融入法学教育的研究局限,将思想政治教育内容进一步细化为将红色基因融入法学教育,从而在一定程度上促进了法学教育的德育问题的解决,进而增强了法学教育的品德素养教育的针对性和实效性。

(二)不足

不可否认的是,本书的研究仍有很多不足与局限之处。本书的研究分析需要对已有的有关红色基因与法学教育的研究成果进行细致、科学、严谨、准确的归纳与概括,但由于笔者学识水平有限、研究能力不足,尽管力求深入、全面地进行研究和思考,但认识和理解的深度和层次还是远远不够。研究存在的不足主要表现在：从整体上讲，基于基本理论的宏大视角，无论是从理论深度还是实践向度看，本书都不够透彻，存在很大的不足，需要进一步探求红色基因与法学教育相结合的可行性与必要性问题，以及将红色基因融入法学教育的方法突破、模式创新与平台构建问题。这些都需要有开展理论探索的极大勇气，需要一种宏大的理论视野、一种战略性思考。尽管在研究过程中也试图进行战略性宏观思考，但仍觉阐释非常浅薄。因此，在将来的法学教育实践中还需要持续专注、继续深化、丰富和完善关于新时代法科生教育过程中融入红色基因的问题。

针对以上不足之处，在今后的研究中，笔者将进一步探讨，继续丰富深化红色基因融入法学教育的路径探索与模式创新，以期研究更加完整、更加系统。

第一章 相关理论概述

一、德法合治

(一)德治与法治

"德法合治",从字面上理解,"德"即为道德,"法"则指法律,故可简单地将其概括为道德与法律结合并施。

1.德治

德治思想最早源于周代,周公提出"敬德保民"的政治路线,标志着以德治为核心的礼乐制度形成。随后,孔子继承、发展德治思想,提出"为政以德,譬如北辰,居其所而众星共之"①,并将其作为儒家学说的主要思想。儒家的德治思想认为无论人性善恶都可以用道德去感化教育人,因此主张以道德去感化教育人,以使人心良善,知耻辱而无奸邪之心。此后,随着社会形态的更替变迁,德治思想进一步变化发展。现当代所倡导的德治主要是指以建立在法律正当性基础之上的社会公共道德来治理国家,包括对国家权力执行者进行规范和教育,也包括对广大人民群众进行教育,以此促进社会精神文明建设,实现对国家的柔性治理。

2.法治

"法治"一词最早是由古希腊思想家亚里士多德提出来的,他在《政治学》中指出"法治应当优于一人之治"。亚里士多德认为,法治即是已经成立的法律得到普遍的遵从,而得到普遍遵从的法律其本身就是制定得良好的法律。在中国古代最具代表性的法治思想就是春秋战国时期法家提倡的"依法为本"的主张。所谓"依法为本",就是指将法律视为实现国家

---

① 孔子.论语[M].肖卫,译注.北京:中国文联出版社,2016:11.

治理的根本。由此,法家思想强调"不别亲疏,不殊贵贱,一断于法","君臣上下贵贱皆从法"。[1][2]受西方法学思想的影响,我国对法治的理解主要基于其普遍适用性与其本身的合理性。因此,法治是指一种严格依法办事的治国原则和方式。作为一种先进的治国方式,现当代法治要求作为反映社会主体共同意志和根本利益的法律具有至高无上的权威,并在全社会得到有效的实施、普遍的遵守和有力的贯彻,即要求整个国家以及社会生活均依法而治,凭靠法律这种公共权威来管理国家、治理社会。但与古代法治思想不同,现当代法治这种稳定、明确的社会规范不依靠任何人格权威或个人意志,更不凭靠掌权者的威严甚至是特权,它是由国家权力机关保障实施的。

3.德治与法治的关系

德治与法治既相互区别,又相辅相成,互为补充。

首先,就其二者之间的区别而言,德治是一种强调思想道德的规范作用的软约束,主要以说服力和劝导力来规范人的行为。而法治则是一种强调法律的惩治作用的硬约束,主要以其强制力对人进行规范。一定程度上,德治的适用范围是大于法治的适用范围的,法治仅是为了治标,可被用于已经由法律改变或调整过的社会关系,还没有或不能被法律所改变或调整的社会关系则不适用。而德治则是为了治本,因此德治适用于社会的所有范畴,可被用于所有的组织和个人。

其次,就二者的契合性而言,第一,两者的治理目的具有统一性。无论是德治,还是法治,作为治理方式,其治理目的都是有效预防和解决社会矛盾和冲突,协调社会关系。在人类社会生活过程中,每个人所经历的家庭关系、学校关系、社会关系不同,以及每个人形成的世界观、人生观、价值观体系不同,使得其物质、精神、生理等需要的满足程度存在差异,这就必然导致社会矛盾与社会冲突的发生。由此,德治与法治形成的目的就在于调节社会矛盾,从而为促进个体需求得到相应满足,营造一种和谐的社会生产、生活环境。第二,两者的根本内容具有一致性。从德治与法治所包含的根本内容来看,德治与法治皆倡导维护人类社会的公平、正义,主张社会成员应当相互尊重,互助互利。并且,二者都一致要求维护国家意志与民族尊严,建立社会稳定和发展的规范与秩序。

再次,两者相辅相成,并在一定条件下相互补充、互相转化。一方面,德治的实施以法治为前提和保证。在实际的社会生产、生活之中,道德规范通常需要法律规范提供强有力的保障,方能得以有效贯彻和实施。譬如,法律为思想道德规范的建设提供国家强制力保障,同时严格执法、公正司法又切实地促进道德规范在实践过程中得到广泛遵循,而全民普法又有

---

①② 管仲.管子[M].哈尔滨:北方文艺出版社,2016:184.

助于提升社会成员信守法律规范的道德水平。另一方面,法治的实施也离不开道德的基本作用。法律规范也离不开道德规范为其奠定坚实的思想基石,从而促进法律规范获得社会成员的普遍认同与遵守。譬如,道德为法律的制定、发展和完善提供价值准则,同时道德的调节范围更加广泛,将进一步弥补法律调节的有限性。

(二)德法合治的基本内涵

1.德法合治的传统内涵

早在我国西周时期德法合治的思想便有所萌芽。西周时期,周人继承前人治国思想,将"明德慎罚"作为其立法的核心指导思想。所谓"明德"就是提倡尚德、敬德,它是慎罚的指导思想和保证,而慎罚则是指刑罚适中,不乱罚无罪,不滥杀无辜。这便是我国德法合治思想早期的显现。随后春秋战国时期,儒家学派代表人物孔子认为道德能够起到政治、乃至刑罚不能起到的作用,由此便主张以"以德治国"为国家治理之根本。而在法家学派看来,法才是治理国家的根本,由此主张"变法""以法治国"。基于儒家与法家关于德、法二者何为本的争论,荀子在系统分析德治与法治的优劣之后,提出既秉承孔孟的仁政思想,同时又吸收法家的合理法治主张,由此兼容并收地提出了"隆礼重法"的治国思想。此后,经历各朝代的实践继承创新后,德法合治的思想最终形成,并为历代所沿用、发展。在中国封建社会的后期,治国思想仍沿袭德法合治的治国理念,甚至有所定型。也就是说,在德治与法治合治的问题上,在这一时期没再有较大进展,大体上历代君王仍是主张"德主刑辅、礼刑结合"。

综上所述,我们可以清晰地认识到,历代封建统治者都始终坚持贯彻"德法合治"的思想,这主要是因为封建统治者在长期的统治实践中,深刻地认识到了法律与道德对其自身统治的裨益。譬如,体现封建统治阶级意志的法律在维护封建纲常名教以及巩固自身专制统治方面起着非常重要的作用。同时,封建统治者也深知封建道德礼制在维护封建等级制度和禁锢广大劳动人民思想观念等方面的重要作用。中国历朝历代的"德法合治"思想在一定意义上实现了将德的教育感化和法的强制约束的巧妙结合,对于现今社会德法合治具有一定的借鉴意义,但传统德法合治思想总归是在封建经济基础上产生的,于现当代社会治理而言也确实不可避免地具有一定的时代局限性。因此,今天人们对德法合治的理解应基于当下的历史现实,对传统德法合治的理念去糟取精,并赋予其崭新的时代内涵,由此推陈出新,古为今用。

2.德法合治的当代内涵

在中国共产党第十六次全国代表大会上,江泽民同志明确提出"依法治国与以德治国相辅相成",由此,坚持物质文明和精神文明两手抓、坚持实行依法治国与以德治国相结合的策略成为我们进行社会主义建设和党的建设不可偏废的宝贵经验之一。至此,将依法治国与以德治国相辅相成的思想写入党的十六大报告,充分表明"德法合治"已然成为党领导人民群众治理国家的基本方略。此后,以胡锦涛同志为总书记的中共中央领导集体更是顺应时代发展大势,提出了社会主义荣辱观,针对社会主义市场经济体制中的道德空白进行及时补足,从而与社会主义法治共同构建起社会发展的秩序体系。

党的十八大以来,中国特色社会主义进入新时代,以习近平同志为核心的党中央一致强调,要坚持依法治国和以德治国相结合,把法治建设和思想道德建设紧密结合起来,把他律与自律有效统一起来,做到法治与德治相辅相成、相互促进。党的十八届四中全会一致通过的《中共中央关于全面推进依法治国若干重大问题的决定》明确指出,坚持依法治国和以德治国相结合,并把其作为实现全面推进依法治国总目标必须坚持的重要原则,具有非常重要的理论和现实意义。此次会议对依法治国和以德治国进行了更深层次的阐述与解读,是对德法合治的治国理政方略的进一步提升与完善。之后,党的十九大报告又进一步指出,坚持依法治国、依法执政、依法行政共同推进,坚持法治国家、法治政府、法治社会一体建设,坚持依法治国和以德治国相结合,依法治国和依规治党有机统一,深化司法体制改革,提高全民族法治素养和道德素质。由此,将进一步对德法合治在中国特色社会主义现代化建设进程中的重要性进行更为深入的阐释。

至此,德法合治的当代内涵得到进一步阐释说明。所谓德法合治即指将依法治国和以德治国相结合的一种国家治理方式,其中所依据的法律是体现无产阶级意志、由国家强制力保障实施的社会主义法律,而道德则是以集体主义、爱国主义为原则的社会主义道德,包括了社会公德、职业道德、家庭美德和个人品德等。

二、红色基因

(一)红色基因的历史形成过程

红色基因首先是在中国革命建设过程中孕育形成的,然而,无论是充满压迫与抗争的革命战争,还是困难重重的社会主义建设,均为红色基因的生长、形成给予了丰厚的精神养料。再者,改革开放与社会主义新时代的到来更是为红色基因的丰富、发展及其确立、继承提供了契机。由此,红色基因牢牢扎根于中华文明的沃土,为保持文化自信提供了深厚的文化底蕴。

1.红色基因在革命、建设时期的孕育

面对近代中国所遭遇的"三千年未有之大变局",无数仁人志士与反革命势力展开了一次又一次艰苦卓绝的斗争,并在此过程中渐次展现出中华民族的本色。在以蒋介石为首的国民党新右派发动"四一二"政变,将中国共产党人置于白色恐怖包围之中时,中国共产党人仍坚定革命理想,不畏牺牲,忘我地为解放事业而斗争。此外,在面对国民党的前四次围剿时,中国共产党人更是坚持以实事求是的观点分析敌我双方实力,从而因地制宜,采取灵活机动的战略战术,由此取得胜利。即便是后来因第五次反围剿失败而走上艰苦卓绝的长征之路,中国共产党人仍能在此过程中及时纠正错误决策,并在与共产国际失联的情况下召开遵义会议实现生死攸关的转折。在中国民主革命迎来胜利之际,毛泽东同志在党的七届二中全会上要求全党在胜利面前保持清醒头脑,"在夺取全国政权后要经受住执政的考验,务必使同志们继续地保持谦虚、谨慎、不骄、不躁的作风,务必使同志们继续地保持艰苦奋斗的作风",警示全体党员在执政过程中要始终清正廉洁,牢牢坚持全心全意为人民服务的宗旨。

2.红色基因在改革时期的丰富与发展

"文化大革命"结束后,我国在前进的道路上面临着向何处去的严峻考验。为此,以邓小平同志为代表的中国共产党人清醒地认识到,社会主义社会也可以发展市场经济。十一届三中全会正式提出我国实行改革开放,生动地体现了中国共产党人敢于创新发展的精神实质。此外,改革开放的提出为我国的发展提供了转机,但与此同时,改革开放也向我们提出了新的挑战。对外开放,吸引资金、技术涌入中国,但也招来了资本主义的奢靡腐坏。面对金钱、权力、欲望的诱惑,个别党员的理想信念遭到动摇。对此,我党开始进一步加强对党员的理想信念教育,强调全体党员、干部对中国共产党的绝对忠诚,强调中国共产党的使命是全心全意为人民服务。

3.红色基因在新时代的提出与继承

尽管红色基因的形成发展经历了相当漫长的岁月积淀,但是红色基因概念的正式提出时间却不甚久远。2013年,习近平总书记在原兰州军区视察时首次提出了"红色基因"的概念,他指出,西北地区红色资源丰富,是延安精神的发源地,要发扬红色资源优势,深入进行

党史军史和优良传统教育,把红色基因一代代传下去。2014 年,习近平总书记在参观新疆军区某红军师师史馆时又指出,要把红色基因融入官兵血脉,让红色基因代代相传。2015 年,习近平总书记在陕甘宁革命老区脱贫致富座谈会上指出:"革命老区是党和人民军队的根,我们永远不能忘记自己是从哪里走来的,永远都要从革命的历史中汲取智慧和力量。"2016年,习近平总书记在江西看望慰问广大干部群众时讲话指出:"回想过去那段峥嵘岁月,我们要向革命先烈表示崇高的敬意,我们要永远怀念他们、牢记他们,传承好他们的红色基因。"2017 年,习近平总书记在兴县蔡家崖村的晋绥军区司令部旧址内参观时谈到:"在革命战争年代,吕梁儿女用鲜血和生命铸就了伟大的吕梁精神,我们要把这种精神用在当今时代,继续为老百姓过上幸福生活、为中华民族伟大复兴而奋斗。"2018 年的两会期间,习近平总书记再次强调,让信仰之火熊熊不息,让红色基因融入血脉,让红色精神激发力量。2019 年,习近平总书记在看望参加全国政协十三届二次会议的文化艺术界、社会科学界委员时表示:"共和国是红色的,不能淡化这个颜色。无数的先烈鲜血染红了我们的旗帜,我们不建设好他们所盼望向往、为之奋斗、为之牺牲的共和国,是绝对不行的。"由此可见,红色基因在新时代的传承仍有其必要性,红色革命精神在新时代里也必将为实现中华民族伟大复兴注入重要力量。

(二)红色基因的基本内涵

红色基因是一个复合词,对它的理解,厘清"红色"与"基因"尤为关键。

红色,通常意义上来讲,是光的三原色之一,是可见光谱中长波末端的颜色,但在不同国家、群体、时代却被赋予不同的含义。《辞海》中红色泛指火、血的颜色;象征着无产阶级革命;表示胜利、成功等喜事等。在某些西方国家,红色泛指血的颜色,象征着暴力与危险。然而,在近代世界无产阶级社会主义革命运动中,红色渐渐成为社会主义的标志,象征着轰轰烈烈的革命运动。在中国,自中国共产党成立以来,一个以革命为基调的红色时代随之到来。中国共产党将战士们因革命事业、理想信念而洒下的鲜血以红色来铭记,"红旗""红色政权""红军""红色区域"等表述由此形成。由此可见,在近代的中国,红色代表的是爱国与革命的热血,是激励受压迫的中国人民进行反抗的颜色。

"基因"一词从生物学意义上来看,是指带有遗传效应的 DNA 片段,它支持着生命的基本构造和性能,存储着生命的种族、血型、孕育、生长、凋亡等过程的全部信息。而我们在此所提及的红色基因则是一种文学意义上的引用,是指对我国在革命、建设、改革过程中所孕育产生的精神、信念的传承在某种程度上与基因复制有着异曲同工之处。

综上所述,红色基因是指一种具有高尚的共产主义理想信念、道德情操、意志品质、精神风貌等独特遗传密码的优秀基因,是中国共产党在长期奋斗中锤炼的先进本质、思想路线、光荣传统和优良作风,是中国共产党能够始终与时俱进的精神内核。其核心内容就是中国共产党人的理想信念和全心全意为人民服务的宗旨,简言之,就是党的初心和使命。红色基因主要涵括以下几个方面:

1.信念坚定,纪律严明

理想指引人生方向,信念决定事业成败。崇高的理想信念是事业和人生的灯塔,决定个人的方向和立场,也决定个人的精神状态和实际行动,更直接关系到民族复兴与富强。回首近代以来的历史,中华民族受尽外辱、疮痍满目,中国共产党挨过无数艰难岁月,拯救中华民族于水火,并带领中国人民顽强斗争、辛勤建设、锐意创新,不断发展壮大,走上民族复兴之路,其根本在于依靠理想的力量、信仰的力量,传承红色基因。列宁曾指出:"任何革命运动,如果没有一种稳定的和能够保持继承性的领导者组织,便不能持久。"因此,无产阶级要在俄国革命斗争中站稳脚跟,就必须建立起一个纪律严明的无产阶级政党。自1921年中国共产党成立以来,党的领导人都十分重视党的纪律建设,希望以此建立起一个有组织、有力量的政党,以夺取革命、建设、改革的胜利。在面临西方各种意识形态冲击的严峻形势之时,邓小平同志亦提出:"我们这么大一个国家,怎样才能团结起来、组织起来呢? 一靠理想,二靠纪律。"①由此,足以见得,严明的纪律亦是我们党革命、建设、改革的法宝,是我们党代代相传的优秀基因。

2.对党忠诚,一心为民

对党忠诚、永不叛党是中国共产党党章对党员的基本要求,因而,对党忠诚必须时刻铭记,而后一以贯之。忠诚是中国共产党人必备的政治定力,表现为中国共产党人在政治立场、政治方向、政治原则、政治道路等方面的鉴别力和敏感性。中国共产党人的政治定力不是与生俱来的,也不是形成之后就一劳永逸、长久不变的,而是在革命、建设、改革实践中锻炼形成的,并在不断总结经验教训的过程中一步步坚定起来的。

党员对党忠诚,必须坚定理想信念、强化宗旨意识、培养高尚情操,立足岗位、尽职尽责做好工作,始终做到一心为民,全心全意为人民服务。中国共产党从诞生那日起,从来就没有自己的私利,始终以全心全意为人民谋福利为其根本宗旨。党的十八届六中全会强调,"党的各级组织和全体党员必须对党忠诚老实、光明磊落,说老实话、办老实事、做

① 邓小平.邓小平文选:第3卷[M].北京:人民出版社,1993:111.

老实人"。这就要求共产党员必须时刻铭记自己是党的人,对党绝对忠诚是自己的终身必修课,应始终保持忠诚于党、忠诚于国家、忠诚于人民,做到始终如一、绝对忠诚,为党的事业奋斗终身。

3.艰苦奋斗,勇于牺牲

时至今日,我国所取得的一切令世界瞩目的历史性成就都离不开一代又一代中国人民的艰苦奋斗和英勇牺牲。革命年代里,是一名又一名革命战士与反动势力的艰苦斗争及其不惧为革命事业英勇就义的奉献精神为我们带来了革命的胜利。而在社会主义建设与改革时期,又是所有的社会建设与改革的先行者做出舍小家顾大家的牺牲,并带领全体中国人民度过一段又一段艰苦奋斗的岁月,走上中华民族由站起来到富起来再到强起来的民族复兴之路。正如习近平总书记在庆祝中国共产党成立95周年的大会上所指出的,我们要永远保持中国共产党人的初心与本色,在前进道路上不忘初心,牢记使命。这就要求我们始终牢记历史,传承先辈们的高尚精神,面对复兴伟业不怕艰难与牺牲,大力弘扬优秀传统精神,奋发向上、砥砺前行。

4.实事求是,敢于创新

毛泽东在《改造我们的学习》中指出:"'实事'就是客观存在着的一切事物,'是'就是客观事物的内部联系,即规律性,'求'就是我们去研究。我们要从国内外、省内外、县内外、区内外的实际情况出发,从其中引出其固有的而不是臆造的规律性,即找出周围事变的内部联系,作为我们行动的向导。"因此,实事求是就是指从实际对象出发,探求事物的内部联系及其发展的规律性,认识事物的本质。毛泽东在中国革命的实践中,反对主观主义,尤其反对教条主义,把马克思主义的普遍真理与中国革命的具体实践相结合,确立了实事求是的思想路线。针对延安整风时期所涌现出来的主观主义、宗派主义、党八股等党的作风问题,毛泽东明确指出:"科学的态度是'实事求是','自以为是'和'好为人师'那样狂妄的态度是决不能解决问题的"[①]。经过延安整风,实事求是的思想路线得到普及,马克思列宁主义的普遍原理与中国革命的具体实践相结合的毛泽东思想深入人心,实现了中国共产党的空前团结,迎来了新民主主义革命的胜利。在革命、建设、改革的过程中,中国共产党找到了"农村包围城市,武装夺取政权"的正确革命道路,建立起"中国共产党领导的多党合作与政治协商制度",等等。这些思想成果无一不体现出我们的党是一个极具创新能力的政党。

---

① 毛泽东.毛泽东选集:第2卷[M].北京:人民出版社,1991:663.

5.清正廉洁,无私奉献

1949 年 3 月 23 日,中共中央从西柏坡迁往北平,动身之际,毛泽东说:"今天是进京赶考的日子,不睡觉也高兴啊。"对此,周恩来说道:"我们应当都能考及格,不要退回来。"毛泽东则表示:"退回来就失败了。我们决不当李自成,我们一定要考个好成绩。"这段著名对话中提及的"赶考"在中国共产党和新中国历史上成了具有历史意义的话题。之所以将成立新中国喻为"进京赶考",主要在于新中国成立之际我们党面临着一系列思想作风挑战。譬如,部分党员、干部对于三大战役的迅速胜利在思想上尚未做好充足准备,因而滋长了一些官僚主义和骄傲自满的思想。加之,国内外敌对势力不愿看到中国共产党领导建立新的人民政权,开始以"糖衣炮弹"来腐蚀革命者的思想。再者,在新中国成立后,中国共产党将领导人民进行社会主义建设,显然,作为执政者其自身的思想作风必须是刚正不阿的。对此,毛泽东清醒地预见了种种问题,并告诫全党党员、干部要坚持清正廉洁、无私奉献,以促进我国社会主义建设的稳步推进。

(三)红色基因的特征

红色基因自中国共产党成立以来便开始初步形成,并在后来的革命、建设与改革过程中得到进一步丰富与完善,其囊括了无数先辈在革命、建设与改革过程中所体现出来的优良精神品质。内涵丰富的红色基因本身具有鲜明的阶级性、导向性、创新性等特征。由此可见,红色基因的确是值得我们传承弘扬的民族基因。红色基因所展现出来的鲜明特征具体表现为:

第一,无产阶级性。红色基因是中国共产党代表无产阶级在革命、建设、改革过程中夺取胜利的思想产物,其实质是在为无产阶级谋解放、谋发展的过程中所产生的,因而红色基因本身就具有深刻的无产阶级属性。譬如,红色基因内含一切为了人民的思想,此处的"人民"便是指广大的无产阶级群众,无论是过去还是将来,我们为之奋斗的一切革命、建设、改革事业都是为了无产阶级的自由与解放。

第二,思想政治教育导向性。红色基因所反映出来的中国共产党人为新中国的成立与发展而顽强拼搏、勇于牺牲、创新创造的精神品质与爱国情怀对激励、引导广大劳动人民坚定共产主义理想信念,规范自身的社会行为具有重要作用。我们对红色基因的传承与弘扬充分地体现了其自身所具有的思想政治导向性。我们之所以大力弘扬红色经典,传承红色基因,其根本原因在于希望通过对先辈优良精神品质的体悟,实现对自身世界观、人生观和价值观体系的进一步塑造与提升,增强自身的思想觉悟,以坚定的信念为国家与自己的发展提供动力支持。

第三,内容形式的丰富性。红色基因作为一种由革命先辈缔造并为后代人不断发展的民族基因,其本身所囊括的内容是丰富的,包括了清正廉洁,无私奉献;实事求是,敢于创新;艰苦奋斗,勇于牺牲;对党忠诚,一心为民;信念坚定,纪律严明等多个方面。同时红色基因的外在表现形式也是多种多样,不仅包括红色文化博物馆、红色会议遗址、红色歌曲等实实在在可见的物质形态,也包括红色革命精神、红色文化氛围、红色信仰等无形的精神形态。

第四,务实性。中国共产党在革命、建设、改革过程中凡事讲究实事求是就是务实的一种表现。红色基因所展现出来的务实性特征主要是指始终将实事求是作为解决一切问题的根本指导原则。革命、建设、改革时期,我们党始终注重我国实际情况,切实解决群众关心的问题,坚决避免脱离实际解决问题。由此,我们党开辟了一条适应中国国情的中国革命道路,并开创和发展了具有中国特色的社会主义理论体系,用以指导我国的社会主义现代化建设。

第五,人民性。作为无产阶级政党,中国共产党的初心与使命便是为广大人民群众谋幸福,其自诞生之日起便一心为民、鞠躬尽瘁、奉献一切。在革命、建设、改革过程中,我们党更是坚定地为广大人民群众的自由、解放与发展而奋斗和努力,并形成了指导我们党科学有效地开展工作的路线方针,即一切为了群众,一切依靠群众,从群众中来,到群众中去的群众路线。在抗日战争中我们能够取得最终胜利,就离不开广大人民群众的支持。毛泽东指出,我们党"力量的来源就是人民群众"。在面对武器精良的日本侵略者时,我们党与人民群众紧密团结在一起,将军民力量结合起来奋勇杀敌、积极抗争,从而获取最终的胜利。

第六,创新性。创新性是红色基因的重要属性。在红色基因的形成和发展过程中无不体现着先辈们的创新意识与创新能力。其主要表现为,在我国革命、建设、改革过程中创造性地提出了多项方针政策以解决现实过程中的难题。譬如,在中国共产党成立初期备受打击之时,我们党创造性地提出,将红色政权建于敌人统治薄弱的农村,并不断发展壮大红色政权,以星星之火掀起燎原之势。

(四)红色基因、红色文化与红色资源

红色基因与红色文化既有区别又有联系,科学界定两者的概念是传承红色基因的逻辑起点。

1.红色文化

红色文化的内涵有广义和狭义之分。广义的红色文化是指在世界社会主义和共产主义运动整个历史过程中人们的物质和精神力量所形成的人类文明进步的文化总和;狭义的红色文化,特指在中国共产党领导广大人民群众实现民族解放与自由以及建设社会主义现代化中国的历史实践过程中共同创造出来的各种物质和精神财富的总和。

红色文化的内涵十分丰富,其外延更为广泛,主要包括物质、精神和制度等层面。物质层面的红色文化具有显性特质,它是红色文化的实物形态,是在革命、建设与改革过程中产生、延续、发展和保存下来的精神风貌、意志品质的客观载体。精神层面的红色文化则是其本身所蕴含的精神内容的高度凝炼,集中展现了红色文化创造者的精神风貌。而制度层面的红色文化则是红色文化精神在政治意识形态上的集中反映,它囊括了党的理论、政策、路线、方针等一系列规范体系。

2.红色资源

红色资源的内涵亦有广义与狭义之分。广义上,红色资源是指那些能够顺应历史潮流、弘扬爱国主义精神的一切革命活动凝结的人文景观和精神;而狭义上,红色资源则是指在中国共产党领导广大人民进行第二次国内革命战争、抗日战争、解放战争期间所形成的革命遗址、纪念场所、标志物、遗存物品和文献,以及承载革命历史、革命事迹和革命精神的载体,等等。此外,若从现代汉语的角度分析"红色资源"一词,红色则为修饰定语,"资源"乃是该词的核心,而"资源"本属于经济学范畴,是指作为生产实践的自然条件和物质基础,具有利用实体性和效用性是它被称为"资源"不可或缺的条件。

3.红色基因与红色文化、红色资源的关系

红色文化与红色资源的内涵在一定程度上具有相似性,只是在其各自狭义定义及其特征属性上有些许微小的差别,即狭义的红色文化特指中国共产党在特定历史过程中创造出来的物质和精神财富的总和。而狭义的红色资源则是指承载中国共产党在特定历史阶段革命精神的实体。此外,红色资源相较于红色文化还具有效用性这一必然特性。

综合红色基因、红色文化与红色资源的内涵界定可以看出,一方面,红色基因是红色文化、红色资源的灵魂和精髓,对红色文化、红色资源的存在与利用具有特定意义上的内在规定性,根本而言,红色基因是内在核心层次的概念。进一步来讲,红色基因是以优秀精神品质为主体的先进红色文化或红色资源形态,是中国共产党人和广大人民群众同甘共苦共同实践形成的宝贵精神财富。从一定意义上讲,传承红色基因包含了传承与保护党在革命、建

设和改革时期形成的红色文化与红色资源。另一方面,红色文化、红色资源又是红色基因表达的重要载体。传承红色基因要利用好丰富的红色文化与红色资源,因为红色基因作为抽象的概念,其传承需要通过具体的表现形式(即红色文化、红色基因)来实现。抽象的红色基因有赖于具体的红色文化与红色资源进行传承,如果我们脱离红色文化、红色资源来传承红色基因只会令其脱离实际,只会让红色基因的传承流于形式。

三、法学教育

(一) 法学教育的历史沿革

1.古代中国的法学教育

我国法学教育历史悠久,其形成与发展经历了一个相当漫长的过程。据相关史籍记载,早在春秋时期便有法家思想家邓析反对礼治,反对将先王作为自己效法的榜样。同时,邓析还开设私塾,向人们传授法律知识和诉讼方法,并帮助别人诉讼。据记载,邓析"与民之有狱者约,大狱一衣,小狱襦绔。民之献衣,襦绔而学讼者,不可胜数"[1]。由此,邓析的法学教育创办并发展起来,也为中国古代法学教育的萌芽奠定了基础。但作为国家兴办的教育类别来讲,法学教育则始于三国时期的魏明帝。据记载,魏明帝即位,卫觊上书"九章之律,自古所传,断定刑罪,其意微妙……请置律博士,转相教授"。由此,中国出现了专门负责教授法律知识、增长司法官专业素养与办案水平、培养司法人才的法律教育机构——律博士。律博士教授法律知识,保管法令条文,使律学立于官府,并促使律学研究后继有人。清代律学家沈家本[2]评论说:"上自曹魏,下迄赵宋,盖越千余年,此律学之所以不绝于世也。"

2.近代中国的法学教育

近代意义上的法学教育始于清朝末年,19世纪末的"清末修律"运动是中国法律史上具有深远影响的法律革命。这一运动不仅打破了在中国已延续两千多年的诸法合体的法律体

---

① 吕不韦.吕氏春秋[M].哈尔滨:北方文艺出版社,2014:10.
② 沈家本,字子惇,清末法学家。他继承了我国学术传统中宝贵的考据方法和求实精神,并希望将儒家的道德准则同欧洲的刑罚机制结合起来,主张刑轻政仁的思想。

系,更直接促进了清末法学教育的产生。1904 年成立的直隶法政学堂是中国第一所比较正规的法学院校。在北洋政府时期,法学成为比较热门的专业,法科生在全国各大院校所占的比例大幅度增长。至南京国民政府时期,法学教育与法律职业进一步联系起来,并由此强化法律职业的资格考试。至此,中国的法学教育朝着更加规范化、体系化的方向发展。

3.现代中国的法学教育

新中国成立后,废除了以国民党"六法全书"[①]为代表的法律,旧的法学教育也走向了终结。此后,在中国共产党的领导下,以马克思主义法学理论为指导的法学教育在全国兴起。中华人民共和国成立初期,经中央人民政府同意并规划,建立起了北京政法学院、华东政法学院、中南政法学院、西南政法学院、西北政法学院,在中国人民大学、东北人民大学、北京大学、复旦大学等综合性大学设立了法律系,至此中国的法学教育初具规模。此后,随着 1957 年全党整风运动的深入,由于对当时的阶级斗争形势估计得过于严重,反右斗争被严重扩大,法学教育的发展也因此受到极大影响。

改革开放后,我国的法学教育迎来了其恢复和重建时期。1978 年 12 月,十一届三中全会指出,为了保障人民民主,必须加强社会主义法制,使民主制度化、法律化,使这种制度和法律具有稳定性、连续性和权威性,做到有法可依,有法必依,执法必严,违法必究。20 世纪 90 年代初,我国法学教育进一步实现规模化,但其层次却亟待进一步提升。据当时的数据分析,相较于普通高等教育,法学教育中的成人教育的比重更大。同时,统一的法律从业资格考试尚未建立起来,大量法律工作者尚未接受系统的法学教育。

在此之后,随着改革开放这一基本国策的进一步贯彻实施,社会主义市场经济迎来蓬勃发展,社会主义市场经济制度进一步确立,由此便迫切地需要通过法律来规范市场活动,从而促进市场经济的法治化。至此,对法律人才的需求大大提升,法学专业的招生和就读数量则相应地迅速增长。在此阶段,法学教育的内在结构也在不断地优化升级以适应社会主义市场经济发展的需要。

党的十八大以来,我国的法学教育进入全面提升时期。党的十八届四中全会通过了《中共中央关于全面推进依法治国若干重大问题的决议》,将全面依法治国纳为"四个全面"战略布局的重要部分,由此,法治人才培养进入了新时代。2018 年 9 月,为深入贯彻习近平新时代中国特色社会主义思想和党的十九大精神,在"卓越法律人才教育培养计划"基础上,教育部和中央政法委就实施"卓越法治人才培养计划 2.0"提出相关意见。意见明确指出,新时代法治人才培养要坚持以马克思主义法学思想和中国特色社会主义法治理论为指导,围绕

---

① 国民党统治时期,立法采用"民商合一"原则,六法有宪法、民法、刑法、民事诉讼法、刑事诉讼法、行政法。

建设社会主义法治国家需要,坚持立德树人、德法兼修,践行明法笃行、知行合一,主动适应法治国家、法治政府、法治社会建设新任务、新要求,找准人才培养和行业需求的结合点,深化高等法学教育教学改革,强化法学实践教育,完善协同育人机制,构建法治人才培养共同体,做强一流法学专业,培育一流法治人才,为全面推进新时代法治中国建设提供有力的人才智力保障。此外,"卓越法律人才教育培养计划"还指出,中国特色法治人才培养要从"厚德育""强专业""重实践""深协同""强德能""拓渠道""促开放""立标准"等方面着手,切实推动法学教育内涵式发展和法治人才培养能力稳步提升。

(二)法学教育的基本内涵

1.法学教育的概念

法学教育是以传授法律知识、训练法律思维、培养合格法律专业人才为内容的教育活动,它是高等教育的重要组成部分。中国法学高等教育从恢复、重建、发展至今,已在管理制度、办学条件、师资队伍、学科建设,以及教学内容和手段等各方面都有了跨越式发展。

改革开放和经济社会的发展对法学教育提出了新的标准和要求,为此,法学教育应以培养高质量的法治人才为使命,现代普通高等教育应当致力于培养具备优秀综合素质的法治人才。实质上,法科生素质是知识与能力的进一步深化发展,其包含多种内容,如思想道德素质、科学素质、文化素质、身体素质、心理素质等。以往中国法学教育对法科生综合素质和职业技能的培养重视不够,影响了法治人才培养的质量,面对新形势,应树立素质教育的培养理念,把传授知识、培养能力、提高素质融合在一起,构建培养中国高素质法治人才的新模式。

可以说,高等教育尤其是法学教育重视并大力提倡素质教育,一是源于对原有教育体制弊端的反思;二是为了主动适应现代化建设对高素质人才的全面需要;三是来自教育理念和指导思想的更新和转变。从教育属性看,法学教育的根本目的是促进人的不断完善和全面发展,是人文精神和科学素养的有机结合。从法律属性看,基于法学专业的应用性、学科性,法学教育应当致力于培养服务于民主法治建设和经济社会发展的法律专门人才。将以上两个方面的要求结合在一起就成为法学教育的历史使命和基本目标,即培养具有比较完整的法学专业知识和理论体系、法律专业思维、法律职业伦理及法律应用能力的专门人才。

因此,法学教育不仅是职业教育,同时还是一种素质教育,即法学教育不仅教授法律知识、理论、制度,而且还教授相关的人文科学知识,培养深厚的人文精神,还要教授必备的职业技能、素质,特别是法律职业者独有的批判性和创造性法律思维和法律人格。法学素质教育既是一种培养目标与模式,更是一种教育思想与观念。现代法学教育不再以培养法官、检察官或律师为单一目标,而是旨在培养在任何一个法律职业领域都有能力开展工作的专业人才。法学教育培养的人才应当是具备扎实的法律知识功底、完善的人文知识背景、严密的逻辑分析能力、突出的语言表达能力,具备崇尚法律、恪守法律职业道德的精神品质,具有创新意识和创新能力,身心健康的应用型法律人才和治国人才。归根到底,法学素质教育的终极目标就是培养高素质、高品质的法学人才。

2.法学教育的目的

著名的法学教育家孙晓楼在其《法律教育》一书中写道:"教育的目的,是为国家培植人才;法律教育的目的,是为国家培植法律人才。"由此可见,法学教育的目的在于:

第一,培养掌握法律知识的人才。在依法治国、依法执政、依法行政等理念的指导下,国家机关及社会各行各业对法治人才的需求逐渐扩大。而法治人才最基本的职业素养则在于其对法律知识的精通以及对法律适用程序的熟悉,并且要求法治人才能够准确理解所学的法律知识,正确运用法律,将法律规范引入社会经济政治生活之中,使之得到广泛的普及和运用,进而实现法律的现代化与社会化。

第二,培养具有法律道德的人才。孟子曰:"徒善不足以为政,徒法不能以自行。"只有善德不足以处理国家之政务,仅凭法令则不足以使之自己发生效力。实则,孟子是强调了法令的实施离不开人,因此法律能否实现其价值还有赖于其实施者。然而,实施者的道德品行则直接决定了法律能否被用于善治。在现实社会中,部分法律从业者罔顾社会道德、职业道德,想方设法地规避法律惩治,在违法犯罪的边缘徘徊,甚至是知法犯法,这些行为产生的根源在于其自身法律道德的缺失。因此,如若仅仅是掌握了法律知识却未培养起良好的道德素养则是不合乎法学教育的目的的。

第三,培养担当社会责任的人才。法律人才作为社会成员之一,应该是站在社会发展前沿努力为国家、为社会创造和谐的人,应该是社会法治化进程的有力推进者,更应该在一些社会重大实践中发挥普通人不可比拟的作用。作为具有社会责任担当的法律人才,对我国依法治国的国家治理方式的推行,应该勇担中国特色社会主义法治体系建设的重任,为促进国家治理体系和治理能力现代化贡献力量。

第二章 红色基因传承的目标和价值

一、红色基因传承的目标

"在社会历史领域内进行活动的,是具有意识的、经过思虑或凭激情行动的、追求某种目的的人;任何事情的发生都不是没有自觉的意图,没有预期的目的的。"[①]大学生传承红色基因作为一项在社会历史领域进行的活动,其提出和开展不是突发奇想,而是经过思考和计划的,是一项有意义、有追求的实践活动。希望通过传承红色基因,大学生能更深刻地领悟红色基因的真正内涵,并自觉地做红色基因的传承者,做到内化于心,外化于行;希望通过传承红色基因,帮助大学生树立正确的三观,种下艰苦奋斗、创新创造的精神种子;希望以红色文化为载体的红色基因在大学生中的弘扬,能提升大学生的道德素养和文化自信;希望通过传承红色基因的优良作风和崇高的理想信念,凝聚中国力量,为实现中华民族伟大复兴奠定基础。正如习近平总书记所说:"人民有信仰,国家有力量,民族有希望。要提高人民思想觉悟、道德水准、文明素养,提高全社会文明程度。广泛开展理想信念教育,深化中国特色社会主义和中国梦宣传教育,弘扬民族精神和时代精神,加强爱国主义、集体主义、社会主义教育,引导人们树立正确的历史观、民族观、国家观、文化观。"[②]

(一)深化大学生对红色基因的认识和传承

认识是解决问题的第一步,是实现目标的基础,深化大学生对红色基因的认识是传承红色基因的基本目标。大学生要想传承好红色基因,第一步必须是深刻认识红色基因,知道为什么要传承以及红色基因包含的理想信念、牺牲奉献、艰苦奋斗、开拓创新等是什么,借此对红色基因有一个整体的掌握。红色基因体现了中国共产党人和先进中国人的优秀品质,是中国共产党人的生命密码,蕴含了党的信仰、宗旨和追求,是党和人民宝贵的精神财富,是大

① 中共中央马克思恩格斯列宁斯大林著作编译局.马克思恩格斯选集:第4卷[M].北京:人民出版社,2012:253.
② 习近平.决胜全面建成小康社会 夺取新时代中国特色社会主义伟大胜利[M].北京:人民出版社,2017:40-41.

学生精神成人的思想基础。红色历史、红色事迹、红色文艺等是红色基因的重要载体,大学生通过这些载体能有效地认识红色基因,进而深刻领悟红色基因的真正内涵和本质特征。

在对红色基因深刻认识的基础上,还需要自觉地传承红色基因。习近平总书记曾说"要把红色资源利用好、把红色传统发扬好、把红色基因传承好"。① 纸上得来终觉浅,绝知此事要躬行。自古以来,古人就强调"知行合一","知"主要指人的思想意念,"行"指人的实际行动,知行合一必须做到知中有行,行中有知。王守仁认为:"良知,无不行,而自觉的行,也就是知。"大学生传承好红色基因不应仅停留在理论认知上,还需要在社会生活和社会实践中真正地传承红色基因。红色基因属于思想层面的东西,具有抽象性特点,大学生要想传承好红色基因,必须走出去,自觉参加红色主题社会实践活动,主动参与到红色基因传承活动的实践中去深刻领悟红色基因的真正内涵和本质。大学生在完整地掌握红色基因的基础知识和深刻领悟红色基因的内在意义的基础上,更能积极主动地将红色基因的内涵和本质内化于心,外化为对身心有益的传承实践,以不断提升自己和感染他人。通过感悟无数革命先辈的赤胆忠诚和奋斗牺牲精神,感悟中国共产党始终把人民放在第一位的民本思想,感悟中国共产党领导全国各族人民为追求中华民族伟大复兴过程中所做的一切努力,大学生才能意识到肩上的重任,激发浓厚的爱国热情,自觉地在学习和日常生活中传承红色基因。

(二)强化大学生奋斗精神和创新精神的培育

艰苦奋斗是中华民族的光荣传统,是中华民族精神的集中体现之一,也是我们党的立业之本、取胜之道和传家之宝。红色基因则是党和人民在艰苦卓绝的革命、建设和改革过程中形成的优良基因。在革命年代,红军长征把艰苦奋斗精神淋漓尽致地体现了出来,这是一种自信、自强、自立的主体精神,也是一种不畏艰险、顽强拼搏、奋发有为、昂扬向上的创造精神。在建设和改革时期,抗洪救灾精神以及载人航天精神是艰苦奋斗精神在不同时期的具体表现。随着我国经济的快速发展,国际地位和综合国力的显著提升,一部分人丢失了艰苦奋斗的良好品质,特别是00后一代青年人,生于幸福的年代,对于苦难没有切身感受,更别谈透彻的内心感悟了,以至于缺乏对弘扬艰苦奋斗精神的时代价值和现实意义的深刻认识。毛泽东同志曾说过:"我是历来主张军队要艰苦奋斗,要成为模范的。……现在部队的伙食改善了,已经比专吃酸菜有所不同了。但根本的是我们要提倡艰苦奋斗,艰苦奋斗是我们的政治本色。"②虽然当今我们取得了很大的进步,物质生活比较富裕了,但是我们仍然面临许

---

① 习近平:贯彻全军政治工作会议精神 扎实推进依法治军从严治军[N].人民日报,2014-12-15(1).
② 毛泽东.毛泽东军事文集:第6卷[M].北京:军事科学出版社,中央文献出版社,1993:367.

多危险与挑战,需要我们继续发扬艰苦奋斗的精神。红色基因体现了艰苦奋斗的精神,高校应充分挖掘无数革命先辈的红色事迹对大学生进行艰苦奋斗精神的教育,培育他们百折不挠、艰苦奋斗的精神,照亮他们前进的道路。

改革创新精神是当代中国最鲜明的品格,是红色基因的另一个重要内容。高校传承红色基因亦欲培育大学生的创新精神。"惟创新者进,惟创新者强,惟创新者胜",当代青年应以初生牛犊不怕虎的胆识,以咬定创新不松口的坚持,以衣带渐宽终不悔的决心,让创新成为青春远航的动力,成为青春搏击的能力,成为青春厚重的底色。世界上的任何事物都处于变化之中,人们想问题、办事情,应该顺应各种变化,找到解决问题的最佳办法。通过传承红色基因,为更好地实现人生价值、建设好创新型国家奠定基础,在学习生活中,大学生应多思考并保持好奇心,充分挖掘新想法,善于从多维度、多方向进行探索,养成创新的思维方式和解决办法,从而不断地增强自身的综合实力,为实现中华民族伟大复兴的中国梦贡献自己的力量。因此,传承红色基因有利于培育大学生的创新精神。

(三)促进大学生道德素养和文化自信的提升

新时代大学生是当前中国社会知识阶层的新生力量,更是传承红色基因的中流砥柱。传承红色基因就是为了促进大学生道德素养和文化自信的提升。

红色基因内涵丰富、思想深邃,有利于实现大学生道德素养的提升。红色基因中的理想信念、精神风貌、意志品质,为大学生成长成才奠定了理论基础,能够积极地引导大学生树立正确的世界观、人生观、价值观。红色基因强调国家利益和社会利益大于个人利益,注重无私奉献和责任担当精神;还体现了以人民为中心的思想,坚持民本位,做到全心全意为人民服务;倡导遵守纪律,讲规矩,懂规矩。这些优良的红色基因有助于大学生道德素养的提高,更有利于提升大学生分辨是非善恶、抵制错误思想和行为的能力。

传承红色基因还有助于增强大学生的文化自信。在中国革命、建设和改革中产生的红色文化是社会主义先进文化的重要组成部分,其中,红色基因作为红色文化的内核和精髓,是文化自信的源头活水。首先,红色基因是广大中国人民共同的历史记忆,有助于增强民众的文化认同,以及对中国共产党和社会主义的情感认同和政治认同。其次,红色基因清晰了文化方向,坚定了大学生对中国特色社会主义文化的捍卫和坚守。最后,红色基因是当今精神文化消费的重要资源和要素。红色基因形成的红色歌谣、红色故事、红色书籍和影视作品等文化产品,是满足当前人们精神文化需求的重要载体。因此,传承红色基因有利于达到增强大学生的文化自信的目的。

(四) 为实现中华民族伟大复兴凝聚中国力量

红色基因中的许多思想理念、作风精神作为中国社会意识形态体系的重要组成部分,具有强大的引导作用和凝聚力量。红色基因的丰富内涵,决定了它具有艰苦奋斗、凝聚人心、清正廉洁、无私奉献、爱国爱民的基本精神。其中,红色基因体现的爱国主义精神,是激发和培育中华儿女自信心和民族自豪感的关键因素。今天,我们比历史上任何时候都更接近中华民族伟大复兴的目标。红色基因如同火炬,点亮走向复兴的道路;如同河流,养育着中国共产党人的精神家园;如同旗幡,号召全国人民万众一心共筑中国梦。正是由于红色基因的诞生,让我们有信心、有能力实现中华民族伟大复兴。

首先,传承红色基因,有利于凝聚个人的力量。一方面有利于提升个人的红色文化素养,提高他们的思想道德,进而充实其内心的感悟,使其深刻地理解中国革命、改革和建设的历史和红色文化,深思国家的未来,与祖国共进步、共患难。另一方面,有助于个人增强责任意识,明确自己的社会责任和社会担当,培养为中华民族伟大复兴而读书的理想,自觉汲取红色文化中的精神食粮。其次,传承红色基因,有利于凝聚社会的力量。面对意识形态领域错综复杂的形势,迫切需要社会各界实施红色基因传承工程,在纷繁复杂的干扰面前,保持坚定的政治立场,守住意识形态领域的良好态势。其中,互联网是意识形态工作的主战场,要理直气壮唱响网上主旋律,巩固壮大主流思想舆论,营造红色文化网络氛围,打好网络意识形态攻坚战,推动互联网这个最大变量释放最大正能量,更好地服务党和国家的中心工作,更好地统一思想、凝魂聚力。总之,传承红色基因,有利于激发个人和社会的力量,有利于萌生个人和社会的家国情怀,有利于坚定个人和社会的政治方向,为实现中华民族伟大复兴奠定坚实的基础。

二、红色基因的价值

红色基因作为先辈们在长期的社会革命、建设、改革过程中凝聚而成的精神财富,对红色基因的传承不仅是对先辈们红色精神的缅怀,更是充分发挥了红色基因对促进当代社会发展以及青年学生成长成才的价值。

（一）促进青年学生成长成才

1.指引人生目标

生活在和平年代的青年学生不及革命建设年代的青年对人生有方向。当前,部分青年学生缺乏人生目标,不知道为什么而活,不知道为什么而奋斗,而红色基因则能在一定程度上引导当代青年学生确立人生目标,从而促进其为人生目标奋斗前行,摆脱碌碌无为、无所事事的人生状态。

"历史是最好的教科书",红色基因蕴藏的先辈们在革命、建设、改革历史过程中所展现出来的精神信念将影响当代青年学生,从而启发其人生目标的选择与确立。譬如,长征过程中,革命先辈们为摆脱敌人的围剿追击,北上支援抗日救国,不畏艰难险阻,跨雪山、渡险江、食皮革。社会主义建设中,先辈们为增强我国综合国力,壮大祖国,不惧艰苦条件,即便千里迢迢、困难重重也要学成归国投身社会主义建设事业。这些对当代青年学生人生目标的确立皆有一定的引导作用。先辈们不惧辛难、艰苦奋斗、为祖国建设发展无私奉献等精神信念,无一不向当代青年学生昭示:没有什么是一帆风顺的,国家和个人命运息息相关。而我们必须学习先辈们不怕吃苦、努力拼搏的精神,树立"吃苦在前,享乐在后"的意识,通过自身努力实现人生价值。由此,引导当代青年学生将个人人生目标与祖国的发展建设结合起来,在实现自我人生奋斗目标的同时为祖国的繁荣昌盛贡献自己的力量。

2.引导思想意识

红色基因内含的丰富的精神品质对当代青年学生思想观念的引导具有十分重要的价值。

首先,当代青年学生对红色基因的传承,在一定程度上将增强当代青年学生的责任意识,促使其充分认识到作为青年学生所肩负的历史使命和责任担当。红色基因的产生起源于革命斗争时期同反革命势力进行革命斗争,以求寻得一条救国救民的道路。而在新中国成立之后,无数时代楷模身上的红色基因则表现为努力为社会主义现代化建设而奉献自我。在革命斗争时期,革命先辈们为实现民族解放与自由,自觉肩负民族大义,与帝国主义侵略势力、国内反动势力英勇斗争。社会主义建设时期,为建立起一整套工业体系,增强综合国力,先辈们实事求是、借鉴创新,带领全中国人民艰苦奋斗,勇于担当社会主义建设发展的重任。改革开放时期,为彻底摆脱对社会主义社会本质的片面认识,实现国家现代化建设,先辈们开创了改革开放的社会发展战略,为实现国家发展无私贡献。由此可见,红色基因从它发源、产生到发展,都体现了对国家繁荣和社会和谐的追求。而红色基因在社会革命、建设、改革过程中展现出来的艰苦奋斗、勇于牺牲、无私奉献等精神品质对当代青年学生奋发图强、担起时代责任、艰苦奋斗、创新创造具有重要的思想引导作用。

其次,红色基因包含着先辈们浓厚的爱国主义情怀,而当代青年学生对红色基因的传承在一定程度上有利于其自身爱国主义意识的培育。爱国主义是红色基因内核的集中体现,而红色基因的内涵也是紧紧围绕着爱国主义不断丰富与发展的。在血与火的战争年代,革命先辈们对民族解放的追求至死不渝,对国家独立的愿望矢志不移,为共和国的缔造抛头颅、洒热血,他们的英雄壮举和与之体现的爱国主义精神,是红色基因最鲜明的主基调。杨靖宇、刘胡兰、赵一曼、邱少云等的革命故事广为传颂,"狼牙山五壮士"等革命英雄团体也是家喻户晓,在建设、改革时期涌现出的数不胜数的英雄和英雄团体亦可歌可泣。随着历史的脚步不断前行,不同的时代更是涌现出了这个时代的榜样和先锋,他们的故事同样感人至深、掷地有声,因为他们身上有着相同的红色基因,他们是红色基因的自觉传承者和践行者。在当前,传承红色基因正逐渐成为当代青年学生教育的重要形式,而传承红色基因的各项实践活动也渐次成为对当代青年学生开展爱国主义教育的重要载体,以期使当代青年学生深入了解那些不懈奋斗、百折不挠的爱国事迹,从而激发当代青年学生内心深处最朴实、最真挚、最热烈的爱国情感,激励他们以饱满的精神状态投入学习、工作与生活中,让其发自内心地热爱祖国的真挚情感转化为保卫祖国、建设祖国的实际行动。更重要的是,促进当代青年学生接受红色教育,能使他们深刻体会到"落后就要挨打""弱国无外交""有国才有家"等道理,明白自己是祖国未来的接班人,肩负着振兴中华的使命。

3.激励个人行为

红色基因作为先辈们在革命、建设、改革时期优良精神品质的集中体现,具有激励人心的功能价值,而作为教育载体,红色基因亦能促进教育目标的实现,即通过将红色基因的传承融入当代青年学生的教育过程中,促进红色基因的内涵和本质内化于心、外化于行。当代青年学生通过红色基因传承教育,提升其精神层次,进而激发其自觉投身中国特色社会主义事业建设的积极性与主动性。红色基因传承教育以榜样示范、责任意识情感激发为内容。譬如,以英雄人物尤其是那些身上携带着红色基因的革命先烈的先进事例为教育素材,将革命先辈们英勇感人的故事所呈现出来的精神品质传递给当代青年学生,给予其更具亲和力、说服力和感召力的教育,使教育内容直抵青年学生的内心。同时,引导青年学生将所习得的优良精神品质与时代情况相结合,自觉将其外化为促进自身与时代发展的行动。

（二）推动新时代发展

1.确保新时代中国共产党的先进性

中国共产党自诞生之日起,就担负着带领中国人民争取独立解放、创造幸福生活、实现中华民族伟大复兴的历史使命。中国共产党是中国特色社会主义事业的领导核心,国家的发展离不开党的领导,这也就要求中国共产党加强自身建设,而要鲜活党的生命力,确保党的号召力、凝聚力和战斗力,就要始终保持党的纯洁性和先进性。同时,由于红色基因是中国共产党人在长期的革命、建设、改革过程中凝聚而成的,其内涵与中国共产党的先进品质不谋而合。因此,对红色基因的传承在一定程度上对保持中国共产党的先进性具有重要意义。

首先,以红色基因为核心的红色文化体现了中国共产党的先进性。红色文化是中国共产党在长期的革命、建设、改革过程中积累沉淀的特殊文化,它充分体现了马克思主义在中国的实践运用,同时蕴含着丰富的革命精神和厚重的历史文化。红色文化的先进品质不仅体现在井冈山时期、长征时期、延安时期、社会主义改造时期、改革开放时期的制度与政策上,亦体现在独立自主、艰苦奋斗的中华民族的优良品质上,体现在改革开放、与时俱进的时代条件下的建设精神上,更体现在中国共产党知错纠错改错、反腐倡廉的自我革命、自我纯洁的行动上。其次,作为红色基因重要表现形式的红色资源是新时期保持中国共产党先进性的重要教育资源。中国共产党在长期的革命、建设、改革过程中,足迹遍布祖国的大江南北,在全国各地都留下了宝贵的红色资源:上海是中国共产党的诞生之地,南昌是人民军队的诞生地,井冈山是革命的摇篮,延安是革命圣地,遵义是革命历史的转折地,瑞金是红色的故都,北京是中华人民共和国的首都。遍布全国各省、市、区(县)的革命历史纪念馆、烈士陵园、革命历史展览馆等红色物质资源也作为中国共产党宝贵的教育资源呈现于世人眼前。红色基因的价值永恒,我们在新的时代条件下既要领会其优秀的传统内涵,又要坚决反对机械地生搬硬套的思想,要与时俱进,不断为其注入契合时代发展的新内容,以完成时代赋予我们的使命。

其次,以民为本作为红色基因的核心内涵对保持中国共产党的先进性具有重要的意义。中国共产党在马克思主义的指导下坚持历史唯物主义的思想观点,始终认为人民群众才是历史的创造者。自建党以来,中国共产党始终坚持群众观点,坚持一切从群众中来、到群众中去。从党的领袖到党员干部、党员皆注重人民群众利益的维护,切实解决人民群众的土地问题,建立起保证人民当家作主的人民代表大会制度,这一切无不体现出党以民为本,一心为民。毛泽东同志曾言,真正的铜墙铁壁是群众,是千百万真心实意拥护革命的群众。正是由于动员群众、组织群众、领导群众参加革命,群众拥护革命,中国共产党才能够取得革命的最终胜利。因此,在新的时代条件下,要实现社会的发展进步,中国共产党就仍要坚持群众观点,坚持以民为本,动员人民群众自觉投身社会主义现代化建设事业。

2.凝聚建设中国特色社会主义的精神力量

红色基因是我们立党立国、执政兴国的宝贵精神财富,也是新的时代条件下坚持和发展中国特色社会主义的精神力量。传承红色基因,对于全面贯彻落实党的十九大精神,进行伟大斗争、推进伟大工程、建设伟大事业、实现伟大梦想具有重要的意义。

首先,红色基因的传承有利于进行伟大斗争。进入新时代,我们面临的矛盾更加复杂,我们要开展的斗争更加艰巨。要坚决反对一切削弱、歪曲否定党的领导和社会主义制度的言行,更加自觉地坚持党的领导和中国特色社会主义制度。要坚决反对一切损害人民利益、脱离群众的行为,更加自觉地维护人民利益。要坚决破除一切顽瘴痼疾,更加自觉地投身改革创新时代潮流。要坚决反对一切分裂祖国、破坏民族团结和社会和谐稳定的行为,更加自觉地维护我国主权、安全、发展利益。要坚决战胜一切在政治、经济、文化、社会等领域和自然界出现的困难和挑战,更加自觉地防范各种风险。因此,我们必须传承红色基因,以此肃清歪风邪气,纠正各类违反政治纪律的严重错误,打好净化政治生态之战,从而加强党政廉政建设,促进新时代中国特色社会主义事业稳步推进。

其次,红色基因的传承有利于深入推进伟大工程。随着中国特色社会主义进入新时代,我国社会的主要矛盾也随之发生转变,人民日益增长的美好生活需要和不平衡不充分的发展之间的矛盾已成为主要矛盾。同时我们也要清醒地看到,我们党所面临的执政环境是复杂的,影响党的先进性、弱化党的纯洁性的因素是复杂的,全面从严治党任重道远。而且,中国共产党作为中国社会发展的领导力量,要始终成为时代先锋、民族脊梁,始终成为马克思主义执政党,自身必须始终过硬。因此,我们要更加自觉地坚定党性原则,勇于直面问题,敢于刮骨疗毒,不断增强党的政治领导力、思想引领力、群众组织力、社会号召力,确保我们党永葆旺盛的生命力和强大的战斗力。传承红色基因,将在一定程度上促使我们党始终不忘初心、牢记使命,坚持人民主体地位,把人民对美好生活的向往作为奋斗目标,从而领导中国人民早日实现中华民族伟大复兴的中国梦。

再者,红色基因的传承有利于中国特色社会主义伟大事业稳步推进。中国特色社会主义是改革开放以来党的全部理论和实践的主题,是党和人民历经千辛万苦、付出巨大代价取得的根本成就。其中,中国特色社会主义道路是实现社会主义现代化、创造人民美好生活的必经之路;中国特色社会主义理论体系是指导党和人民实现中华民族伟大复兴的正确理论;中国特色社会主义制度是当代中国发展进步的根本制度保障;中国特色社会主义文化是激励全党全国各族人民奋勇前进的强大精神力量。在新的历史条件下,要继续推进中国特色社会主义事业的发展,我们不仅要坚持科学社会主义基本原则,更要根据时代条件赋予其鲜明的中国特色。对此,红色基因的传承将在一定程度上促进新时代中国共产党秉持与时俱进、创新发展的理念,在更加自觉地增强道路自信、理论自信、制度自信、文化自信的同时,结合时代新形势推动中国特色社会主义事业实现新进展。因为,红色基因与我们党、与社会主义有着密不可分的逻辑联系。在中国特色社会主义新征程上,我们要从中华民族的红色基因中汲取治国理政的智慧和力量,在传承红色基因的过程中推动中国特色社会主义伟大事业不断向前,进而实现人民对美好生活的向往,实现中华民族伟大复兴的中国梦。

第三章　红色基因融入法学教育的必要性分析

一、传承红色基因是高校立德树人的根本要求

高校承担着育人的重任,传承红色基因是高校担好此重任的根本要求。党的十八大提出,"把立德树人作为教育的根本任务,培养德智体美全面发展的社会主义建设者和接班人"。此后,习近平总书记围绕坚持立德树人这一教育的根本任务作出了许多重要论述,提出了明确要求,即立德树人不仅要传授知识、培养能力,还要培育良好的思想品德、社会公德、职业道德、家庭美德,把社会主义核心价值观融入国民教育体系,引导学生形成正确的三观以及道德观和法治观。传承红色基因中的革命传统基因、红色精神基因、红色文化基因、艰苦奋斗基因能够增强大学生的道德认知、道德情感、道德意志和道德实践,进而实现高校立德树人的根本任务。

(一)传承革命传统基因,增加道德认知

在中华文化中不难找出体现以民为本的思想文化,例如"民为贵,社稷次之,君为轻""为国者、以民为基"等;马克思主义诞生之初就把"人的自由、解放、发展"作为其追求的最高目标,认为人是社会的主体,只有人得到自由、解放和发展,才能推动社会的进步。中国共产党继承和发展了我国优秀传统文化和马克思主义思想,在革命、建设、改革的不同历史阶段中一直秉持以人民为中心的理念,赢得了广大人民群众的支持和拥护,同时也积累了许多优良传统。革命传统基因主要体现以下几个方面:第一,严明的革命纪律。中国共产党是一个具有崇高理想和铁的纪律的马克思主义政党,纪律严明是党的光荣传统和独特优势。从诞生之日起,党就高度重视纪律建设从而加强党的建设,使党能够经受住风雨考验。第二,党对军队的绝对领导。坚持党的绝对领导是国家和人民的根本利益所在,也是中国人民解放军永远保持人民军队性质和全心全意为人民服务宗旨的根本保证。第三,艰苦朴素的纯洁作风。老一辈革命家毛泽东、周恩来、朱德等,无论是在革命战争年代还是在和平建设时

期,都坚持勤俭节约、艰苦朴素的生活作风,充分彰显了中国共产党人的党性本色和高风亮节,为全党、全国人民作出了表率。周恩来同志堪称勤俭节约的楷模,他一贯倡导勤俭建国、艰苦奋斗,从来不舍得浪费一粒米。吃饭时,掉在桌上的米饭他一定捡起来吃掉。第四,团结一切力量,形成统一战线。统一战线是无产阶级革命的重要策略,是民心凝聚的具体体现,是万众一心天下宁的具体保障,是民心所向,是众望所归。第五,注重思想政治工作,引领主流意识。是否握牢意识形态工作的领导权,与国家命运、人民幸福息息相关。中国共产党高度重视思想政治工作,获得了人民的拥戴。中国共产党的优良传统,不管是在当下,还是在未来,对个人、社会和国家都有着重要的意义。

道德认知是指人们对客观存在的道德关系及如何处理这种关系的原则和规范的认识,是人们对是非、善恶、美丑的认识和评价以及在此基础上形成的思想道德观念。同时,道德认知是品德心理结构的重要组成部分,包括道德印象的获得、道德概念的掌握、道德评价和道德判断能力的发展、道德信念的产生及道德观念的形成等。其中,道德概念的掌握、道德评价和道德判断能力的发展是道德认知形成和发展的重要阶段和主要标志。道德认知是在道德实践的基础上,通过教育、训练和社会影响,在不断掌握道德概念、逐渐提高道德评价和道德判断能力的过程中形成、发展和加深的,其形成使人们在品德发展过程中按照一定的道德原则和规范行动,不但懂得应该怎样做,而且懂得为什么这样做,从而提高道德的自觉性、主动性和创造性。

传承红色基因中的革命传统基因,有利于增加立德树人的道德认知,帮助大学生在深刻把握历史、认识社会、审视人生的基础上,更加积极主动地投身于社会主义建设中。首先,中国共产党严明的纪律对于法科生守规矩、讲纪律具有良好的榜样教育作用。"不以规矩,不能成方圆。"早期中国共产党通过制定各种规则、纪律来规范党员和军人的行为,"三大纪律,八大注意"沿用至今,是经过实践检验了的适用于党和军队发展的规范。当代法科生必须学习和借鉴中国共产党严明的纪律,在是非面前,自觉做出正确的道德判断和道德评价,成为一个守规矩、讲道德的好学生。其次,中国共产党艰苦朴素的纯洁作风对法科生形成高尚的道德品质具有指导意义。在革命年代,物质的匮乏,加上国民党反动派的疯狂围剿,党的处境非常困难,但在积极乐观精神的带动下,党和军队同甘共苦,艰苦奋斗,永不言败,一次又一次取得革命的胜利。法科生更应该继续发扬艰苦朴素的作风,树立远大理想,为国家和社会做出贡献。

(二)传承红色精神基因,增进道德情感

红色精神基因是中华民族奋斗的智慧结晶,是党运用马克思主义思想,结合中国具体实

践,与时俱进,领导人民不断取得成功的重要法宝。红色精神基因主要有:第一,积极乐观、自强不息、信念坚定。中国共产党从革命年代、社会主义建设时期再到改革开放,始终坚持以马克思主义为指导,依靠坚定的社会主义信念,不怕困难,顽强拼搏,一步一步把中国特色社会主义事业发展壮大。第二,实事求是和勇于创新创造。农村包围城市的道路是毛泽东同志等老一辈无产阶级革命家坚持一切从实际出发,勇于开拓进取的成功范例,充分展现了实事求是、勇于创新创造的精神。干前人没有干过的事,走他人没有走过的路,这种创新果敢精神是红色基因的一部分,是党永葆青春活力的重要源泉。第三,把人民放在首位。人民是发展的根本力量,群众是真正的英雄。以往的无数次经验教训告诉我们,人民是发展的根本力量,是社会财富涌流的重要因素。任何时期我们都必须坚持以人民为中心,问计、问需于民,发展才能保持正确航向、符合客观实际。第四,无私奉献。在革命战争时期,许许多多的革命战士胸怀壮志,为了报效国家、报效人民,远离家乡,舍身救国,用自己的无私奉献换来了百姓的安康和国家的安稳。

道德情感是指人们对社会道德思想和人们行为的爱憎、好恶等情绪态度,是进行道德判断时引发的一种内心体验。传承红色基因,坚持立德树人,增进道德情感,就必须传承和学习红色精神基因。高校应更加注重开设红色精神课程,帮助大学生与红色精神基因产生共鸣,激发学生的学习兴趣并养成良好的道德品质。教师在教学过程中完全可以让学生更加直观生动地去了解红色精神基因。比如通过图片展示、情景再现等方式来演绎红色精神基因的内容;通过多种感官刺激使学生产生情感共鸣等。又如,对于红色精神基因中的无私奉献精神,教师在教学中,就可以通过播放红军长征的短视频来展现。这种多维度的教学方法不仅有利于激发学生的学习兴趣,也有利于学生深入了解革命年代的艰难环境,引发情感认同,提高其对知识的理解度,更加全面地掌握教学内容,教学效果远高于理论讲解。教育者开发和利用红色精神基因课程资源,并将其运用到具体的教学中,可以培养学生的社会责任感和使命感,同时也可以培养学生良好的心理品质和道德修养,提升学生的思想政治觉悟,从而达到立德树人的目的。

(三)传承红色文化基因,培养道德意志

文化是一个国家、一个民族的灵魂。红色文化是我们的优良传统和宝贵的精神财富,是中华人民共和国的底色,是特定物质与精神的总和。它以爱国主义、艰苦奋斗精神为核心,是中国共产党带领全国人民建设美好生活的真实写照,是道德教育的重要内容。青年是祖国的未来,红色文化资源以其内涵深厚、资源丰富、形式多样、直观生动等特点,成为青年道

德教育不可或缺的载体。青年的思想修养是一个逐步形成和完善的过程,而红色文化正展现了红军前进和成长的历程,与青年的成长相辅相成,通过这种革命传统文化的洗礼,能让他们思想得到升华,心灵得到净化,形成良好的道德意识,深刻认识自己的责任,激励他们争做红色文化基因的传承人,汲取红色力量,做一个具有高尚品德的有志青年。

道德意志是指为实现道德行为所作的自觉努力,是人们通过理智权衡,解决内心矛盾与支配行为的力量。传承红色基因,坚持立德树人,培养道德意志,就必须传承红色文化基因,"只有根植于优秀的文化土壤,才能获得发展的动力,才能更好地发挥作用。"①首先,深入挖掘红色文化资源。把一些具有红色基因的地方保护起来加以开发,形成红色景观。其次,促进红色文化基因创新性发展。红色文化必须与时俱进,不断吸收先进文化,不断丰富自己的内涵。最后,做红色文化基因的传承者。高校承担着培养全方位人才,引领科学研究,服务社会的重任,高校应该充分挖掘和运用中华优秀传统文化中的红色基因,不断创新优秀传统文化中的人文精神。高校教师是文明的传播者,肩上扛着教书育人的重担,教师应该在教学的实践过程中不断地更新教育方式和方法,让红色文化变得通俗易懂从而更容易被学生接受,并以此帮助学生形成正确的道德观和树立远大的理想。

(四)传承艰苦奋斗基因,付诸道德实践

艰苦奋斗是我国的优良传统,也是革命取得胜利和现代化建设取得成功的重要因素之一。不管是两弹一星的成功研制,还是载人航天飞船的成功发射,都是中国共产党领导广大人民群众吃苦耐劳、艰苦奋斗的结果。习近平总书记指出:"中国人民自古就明白,世界上没有坐享其成的好事,要幸福就要奋斗。"②当今的世界格局正处于加快演变的历史性进程之中,全球化和信息化的加快发展以及生产力的迅速发展,给各国带来了许多的发展机会,但也存在着许多风险和挑战,例如:地区冲突、恐怖主义等,对全球发展极为不利。我们只有艰苦奋斗,奋起直追,才能把握发展机遇、迎接挑战,才能把我们的国家变强大,才能更好地维护世界和平。在我国社会生活中,不难发现部分青年大学生由于是家中的"独苗",家长对其有求必应,导致他们养成了许多不良习惯:生活上,自理能力差,贪图享乐;学习上,怕苦怕累,投机取巧,碰到困难就垂头丧气;思想上,缺乏理想信念,缺乏实事求是、求真务实的精神。

道德行为是人们在行动上对他人、社会和自己所做出的行为反应,是人的内在道德认识

---

① 张耀灿,郑永廷,刘书林,等.现代思想政治教育学[M].北京:人民出版社,2006:69.
② 习近平在第十三届全国人民代表大会第一次会议上的讲话[N].人民日报,2018-03-21(2).

和情感外部行为表现,是衡量人们品德的重要标志。传承红色基因,坚持立德树人,更好地实践道德,就必须传承艰苦奋斗精神。这有利于法科生设身处地感受革命先辈的无私奉献和艰苦斗争精神;有利于促使法科生真正做到艰苦奋斗,改变慵懒的坏习惯;有利于帮助他们树立为祖国、为人民艰苦奋斗的信念,真正养成抵制不良诱惑,不奢侈、不浪费的行为习惯。法科生更应该自觉主动地继承艰苦奋斗的红色基因,树立正确的苦乐观。在平时的学习生活中,正确理解苦与乐,辩证地看待苦与乐,且学会合理地解决遇到的各种困难和挫折,努力做迎难而上、艰苦奋斗的开拓者。

二、传承红色基因是高素质法治人才培养的必然选择

随着中国特色社会主义事业的不断发展,法治建设将承载更多使命、发挥更为重要的作用。全面依法治国包括:建设法治国家、建设法治政府、建设法治社会,以及实现科学立法、严格执法、公正司法、全民守法等。要想实现这一切便离不开高素质法治工作队伍的建设。法治人才培养上不去,法治领域不能人才辈出,全面依法治国就不可能做好。习近平总书记在中央全面依法治国委员会第一次会议中强调,全面依法治国具有基础性、保障性作用,在统筹推进伟大斗争、伟大工程、伟大事业、伟大梦想,全面建设社会主义现代化国家新征程上,要加强党对全面依法治国的集中统一领导,……要加强法治工作队伍建设和法治人才培养,更好发挥法学教育基础性、先导性作用,确保立法、执法、司法工作者信念过硬、政治过硬、责任过硬、能力过硬、作风过硬。由于红色基因是一种具有高尚共产主义理想信念、道德情操、意志品质、精神风貌等的优秀基因,因此法科生传承红色基因有利于坚定理想信念,培养正确的三观,形成责任意识,成为一名高素质法治人才。

(一)有利于稳定政治方向,坚定理想信念

理想信念是人的精神世界的核心,是人精神上的"钙"。科学的理想信念,既是指引人前进的灯塔,也是激励人乘风破浪的风帆。没有理想信念,理想信念不坚定,精神上就会缺钙。如果一个人精神上缺钙,就会迷失方向,精神空虚,不仅会消极懈怠,还会懦弱胆小、缺乏责任担当。大学生树立高尚的理想抱负,将有利于他们勇往直前、奋发向上。正如习近平总书记在纪念红军长征胜利80周年时讲的那样:"长征胜利启示我们:心中有信仰,脚下有力量;

没有牢不可破的理想信念,没有崇高理想信念的有力支撑,要取得长征胜利是不可想象的。"①首先,理想信念昭示奋斗目标。为了使人生有意义,我们必须树立崇高的理想,并朝着理想奋勇直追,踏上正确的人生路。理想信念是人们行动和思想的航标,能够让每个人明确目标、积极向上,不管遇到多大的风雨和苦难,都能满怀希望、砥砺前行。其次,理想信念有助于提供前进的动力。如果一个人拥有崇高的理想信念,便会爆发出磅礴的力量,并持续不断地努力去实现自己的抱负。与之相反,如果一个人没有树立远大的理想,可能就会浑浑噩噩、虚度光阴,甚至萎靡不振,走上歪路。最后,理想信念有利于振奋精神世界。初心是理想信念,它撑起我们的伟大梦想。长征的胜利首先是精神的胜利,是理想信念的胜利。当年,红军战士将革命理想看得比天还高,坚定地跟着党走,认为只要跟随党的脚步,就会看到胜利的曙光。红军长征的胜利就是党和人民军队怀揣初心、恪守初心、不忘初心勇敢前进的结果。

传承红色基因,有利于坚定理想信念。"理论上清醒,政治上才能坚定,坚定的理想信念,必须建立在对马克思主义的深刻理解上,建立在对历史规律的深刻把握之上。"②红色基因是以马克思主义为指导的党的精神核心,是党的信仰和宗旨,是党战胜一切困难的重要砝码。大学生通过传承红色基因,领悟其中真正的内涵,进而坚定理想信念,有利于实现个人的梦想。对于党和国家而言,人民树立崇高理想信念将更利于国家繁荣发展、党永葆青春活力。红色基因必须代代相传,才能更好地进行理想信念教育和精神文明建设。近年来,国外一些千奇百怪的思想不断渗进我国,冲击着我国的先进文化。个别大学生开始怀疑共产主义,思想摇摆不定。因此,在新时代,将红色基因教育深入到广大学生群体中,帮助他们树立坚定的中国特色社会主义理想信念是国家和社会义不容辞的责任。总之,红色基因的传承犹如学习一本历史教科书,不仅帮助大学生树立崇高的中国特色社会主义理想,也帮助他们坚定自己的理想信念,从而抵御西方不良思潮的影响。

(二)有利于优化作风,形成正确的人生观

优良作风生动地彰显红色基因,"红色基因在代代相传的过程中,党的优良作风始终是其不可或缺的重要组成部分且对红色基因起着重要的涵养作用"。③ 传承红色基因就是要传承党的优良作风。中国共产党积累的众多优良作风有:优良的思想作风、优良的工作作风

---

① 习近平在纪念红军长征胜利 80 周年大会上的讲话[N].人民日报,2016-10-22(2).
② 习近平在庆祝中国共产党成立 95 周年大会上的讲话[N].人民日报,2016-07-02(2).
③ 温向娜.红色基因传承与社会主义核心价值观培育研究[D].南昌:南昌大学,2018:18.

和生活作风。其中思想作风建设是解决人们思想上出现的问题,通过三观教育,帮助人们学会正确解决和处理问题。工作作风是解决人们工作上出现的问题,通过教育人们在工作中要谦虚谨慎、遵纪守法,与同事和睦相处,为人民的利益服务,从而使人们养成优良的工作作风,进而使工作进展得更加顺利。优良的工作作风能够收获民心,是我党能永葆生机的重要原因,也是中国特色社会主义快速发展的重要因素。生活作风主要是指公私分明、艰苦朴素、谦虚好学、严守纪律等优良作风,能防范官僚主义、形式主义、享乐主义、奢靡主义对党员队伍的侵蚀。中国共产党人一贯保持优良的作风习惯,严于律己、公正无私,在一切工作中认真负责,在生活中与百姓紧密联系,获得了百姓的认可与爱戴。

中国共产党的优良作风,对大学生的人生观有着深远的影响。大学生只有拥有正确的世界观、人生观、价值观,才能在是非黑白面前保持清醒,做出正确的判断和选择。人生观的主要内容包括人生目的、人生态度和人生价值。人生目的是人们自我行为的指向和一生所要追求的目标。人生态度是人们在现实生活中产生的关于人生这个命题的态度。人生价值是人们的所作所为对个人和社会所起到的作用。人生目的决定了人生态度和人生价值,人生态度影响着人生目的和人生价值,人生价值制约着人生目的和人生态度。正确地理解三者的辩证统一关系,才能准确把握人生,树立正确的人生观,才能成长成才。思想作风有利于大学生形成科学的思想方法、实事求是的态度以及乐观谨慎的精神。工作作风有利于大学生形成科学和进取的人生态度,从实际出发,实事求是,以坚韧不拔、积极向上的态度迎接人生的各种挑战。生活作风有利于大学生树立正确的荣辱观和苦乐观,努力做迎难而上、艰苦奋斗的开拓者。中国共产党的优良作风从人生目的、人生态度、人生价值等方面影响着大学生人生观的形成,值得学习和重视。

法科生通过对红色基因的传承,深刻地学习和领悟中国共产党长期积累的优良作风,并自觉地从中吸取经验教训,形成科学高尚的人生观,以及良好的生活作风、思想作风、工作作风,才能在社会中立足,更好地实现自己的抱负和人生意义。首先,法科生要改变自己的思想观念,不要认为思想政治教育是单一的爱国主义教育,它对个人也有很重要的意义。不要只是为了学分而死记硬背,不能机械地学习不贯之以理想,而应勇担大任,追求更高的理想和抱负,将个人的理想融入国家层面,做对社会有用的人。其次,全面正确地分析和认识社会中存在的与党优良传统相背离的腐败现象,并敢于通过正当合法的程序揭露不良现象。对于自身而言,要自觉地抵制拜金主义、享乐主义、利己主义,形成科学高尚的人生观。最后,积极参与社会公益活动,努力投身社会实践。学校为大学生提供的许多社会实践活动,学生应积极踊跃地参加,在实践中,不断锻炼意志,提升自身的社会责任意识。

(三)有利于增强使命意识,扛牢责任与担当

民族的复兴和国家的繁荣与大学生的培养密切相关,当代大学生责任担当的教育方向应与我国发展目标相联系,坚持做到一切为人民、一切为社会主义发展、一切为改革开放和现代化建设。如果一个青年敢于担当、敢于作为,将会走出一条不一样的人生路,从而实现自我价值,进而为国家的繁荣添砖加瓦。

红色基因作为一种红色文化,形式多样,感染力强,不仅促进了法科生的社会责任感,也丰富了法科生责任感培养的内容。首先,传承红色基因的氛围有利于增强大学生的责任认同。环境总能在悄无声息中给人以影响,同时任何人都离不开环境,并从环境中获得成长。增强当代青年学生的责任认同感是提高他们担当意识的重要一步。红色基因在中国革命、建设、改革的不同时期产生,是许多革命先烈以舍身忘我、英勇献身的大无畏精神拼搏出来的,集中展示了中华儿女的高尚品格。同时,这也形成了强大的感召力和感染力,使大学生在潜移默化中增强了对责任担当的认同感。其次,红色基因深化了大学生的责任使命意识。红色基因是对革命精神的继承和发展,它既散发着强大力量还能指引未来。时代性是红色基因的一个显著特点,只有将时代发展与红色基因结合起来赋予新的文化内涵,才能更好地深化法科生的责任使命意识。康德曾说:"每一个人想要成为人,都要有所担当。不负任何责任的东西,不是人而是物。"这句话告诉我们扛起责任是生而为人的本分,任何人肩负责任,都将会实现不一样的人生。传承红色基因让法科生切实体会到革命先烈为探索救国救民道路做出的巨大牺牲,并进一步强化自己的责任意识、使命意识,努力学习专业技能、不断提高专业知识储备,增强社会实践能力,为实现自己的理想目标和社会主义事业的发展努力。最后,传承红色基因能够引导大学生将责任付诸实践。红色基因蕴含着丰富的教育资源,具有较强的模范作用。大学生是国家的希望和民族的未来,必须清楚自身的位置和责任。红色基因是无数历史事件的缩影,对个人和国家都有十分重要的借鉴意义。通过传承红色基因,能够促使大学生增强责任意识,并进一步规范他们的日常行为,在实际生活中,将责任付诸实践。

培养高素质法治人才是推进国家治理体系现代化、提高治理能力现代化的需要,是更好地贯彻落实全面依法治国战略部署的需要,更是提高法治人才自身战斗力的需要。而法科生只有拥有天下兴亡、匹夫有责的担当精神,讲求奉献,实干进取才能凸显自己的人生价值,才能为社会和国家做出贡献。因此,法科生要形成大局观,树立高尚的道德意志,在实现个人梦想的基础上体现更高的社会价值;要始终坚持实事求是的精神,脚踏实地干好每一件

事,从容应对生活中的各种麻烦和挫折;要永远保持创新精神,站在时代的前沿求新求变,用创新精神之不变应世界之万变。

(四)有利于提高对党史国史的认知,提高思想政治素养

传承红色基因包含对党史国史的学习和了解,有利于法科生爱党爱国爱社会。党史研究是研究中国共产党的历史,从中国共产党的活动揭示当代中国社会运动规律的科学。国史研究是研究党的路线、方针、政策如何贯彻,经济、文化、社会、外交、国防等各项事业如何发展的科学。党史和国史是我们党通过长期实践积累下来的宝贵财富,对学生有着重大的教育功能,其中党史是国史的核心,党史走向决定国史走向。习近平总书记强调,"学习党史、国史,是坚持和发展中国特色社会主义、把党和国家各项事业继续推向前进的必修课。这门必修课不仅必修,而且必须修好。"①红色基因是历史的产物,是无数革命先辈奋斗的结晶,它见证了岁月的变迁,承载了我党的优良传统。传承红色基因的目的在于使学生以史明鉴,敬畏历史,珍惜当下。了解中华民族的"昨天"是党领导无数革命英雄在浴血奋战中开辟出来的新天地;了解中华民族的今天是人间正道是沧桑,大学生要勇担传承革命精神的责任,自觉增强建设社会主义的信念和能力。同时,更让大学生明白,中华民族的明天需要大家共同奋斗。法科生对党史国史的深入了解,有利于他们深刻地领悟党和国家的前世今生,懂得珍惜当下,认清自己的责任和使命,并对祖国的未来抱有充分的信心。

良好的思想政治素质是高素质法治人才不可或缺的。全面推进依法治国、不断深入建设社会主义法治国家,不但需要大量与之相适应的法治人才,而且对法治人才的核心素养也提出了新的要求。法治人才是社会主义法治实践的推动者,也是社会主义伟大事业的建设者,更是实现中华民族伟大复兴中国梦的践行者,是否具备坚实的思想政治素养,是衡量社会主义法治人才是否合格的第一要素。新时代高素质法治人才必须要拥有较高的思想政治素养,才能服务于人民、服务于国家、服务于社会主义事业。传承红色基因包含了对中国共产党的历史和中国历史的学习和了解,有利于提高法科生的思想政治素质,增强党性,坚定对党和国家的信心。

对于法科生而言,学习党史、国史是为了更好地了解历史故事,明辨历史事实,做一名合格的大学生和高素质法治人才。"历史、现实、未来是相通的。历史是过去的现实,现实是未

---

① 习近平在中共中央政治局第七次集体学习时强调 在对历史的深入思考中更好走向未来 交出发展中国特色社会主义合格答卷[N].人民日报,2013-06-27(1).

来的历史。"①"如果不把党的历史搞清楚,不把党在历史上所走的路搞清楚,便不能把事情办得更好。"②当今意识形态领域斗争激烈,国内外敌对势力加紧推行"和平演变"战略,对我国文化渗透的企图一刻也没有停歇,对党史和国史的歪曲越来越严重。一部分别有用心的人利用新兴手段,攻击、歪曲、丑化党史、国史,用各种虚假、编造的"历史"抹黑英雄先烈,丑化党的领袖,企图从根本上否定马克思主义的指导地位,否定中国共产党的领导。作为当代青年法科生,人生经验不足,缺乏社会实践,对这些颠倒是非、混淆黑白的错误思想缺少甄别的能力,导致他们不学历史、不了解历史英雄从而价值迷失、思想混乱。所以,在传承红色基因的过程中,对党史、国史的宣传教育,有利于他们抵御国内外各种错误思潮,把爱国主义精神融入血脉,保持一种追求真、善、美的品质,实现自身价值,成为一个具备高素质的法科生,为社会主义法治国家建设奉献才干。

三、传承红色基因是赢得意识形态斗争胜利的必要选择

意识形态是指社会意识诸形式中构成思想上层建筑的部分,包括政治、法律、道德、艺术、宗教、哲学等直接、自觉地反映社会经济、政治制度的思想体系。我国的国家意识形态是以马克思主义为指导的社会主义意识形态。红色基因是一种政治基因,它与我们的主流意识形态一样都体现着马克思主义的主旨与要义。红色基因与中国的主流意识形态有着共性,它们的诞生都离不开党的伟大实践和马克思主义的科学指导。红色基因与主流意识形态有着密不可分的关系,一旦红色基因发生不好的变化,我们的马克思主义及主流意识形态的安全就会受到威胁。所以,我们一定要传承好红色基因,这有利于牢固社会主义核心价值观、抵抗西方不良文化的侵蚀、巩固共产党的执政地位,从而赢得意识形态斗争的胜利。

(一)牢固社会主义核心价值观,弘扬社会主义精神

社会主义核心价值观是社会主义中国的精神支柱,是一种信仰和理想,它具有强大的团结力量和向心力量,同时它也是中华传统优秀文化的结晶,回答了我们的国家、社会、公民的发展和培育问题。红色基因是红色文化的核心,是在马克思主义中国化进程中,伴随中国共产党的诞生而产生的,符合广大人民群众的价值追求,展示了先进文化的性质,蕴藏着社会

---

① 习近平.习近平谈治国理政[M].北京:外文出版社,2014:67.
② 毛泽东.毛泽东文集:第 2 卷[M].北京:人民出版社,1993:399.

主义意识形态的核心理念。中华民族优秀传统文化,包括红色文化中的红色基因,它是涵养社会主义核心价值观的重要源泉,是整合社会思想文化、理想信念和价值观念的重要纲领。

　　社会主义核心价值观具有引领和整合多样化价值观、凝聚社会力量、抵御西方错误价值观侵蚀的作用。第一,社会主义核心价值观对各式各样的价值观念具有引领和整合作用。社会主义核心价值观得到大多数社会成员的认同且会自觉遵循,从而凝聚各方力量,形成强大的精神力量。社会中存在着各种各样的不同利益追求,因此,社会在各个不同的时期就会出现代表各自利益的意识形态。这些意识形态有积极和消极的影响,消极影响可能会威胁主流意识形态的主导地位,造成思想扭曲、信仰丢失、价值观错误等不良影响。因此,在多元价值观念中,必须加强社会主义核心价值观的主导地位,使其发挥其应有的指导作用和凝聚力,才能引领各方价值观念,才能使各方价值观念为我国的现代化建设起积极向好的作用,始终保证中国特色社会主义方向。第二,社会主义核心价值观有利于团结各方力量。社会主义核心价值观是对意识形态内容的浓缩和囊括,展现了意识形态的精神实质。社会主义核心价值观对个人理想信念、世界观、价值观、人生观以及道德品质都有重要的影响,同时它贯彻人的主体地位,以人为本,关注人的真正需求,从而促进人在各方面的发展进步。社会主义核心价值观有利于巩固我国主流意识形态的地位。第三,社会主义核心价值观有利于抵御西方错误价值观的侵蚀。社会主义核心价值观通过弘扬中华民族优秀传统文化,明确时代特征以及社会各主体的发展方向,从而抵御西方不良文化的冲击,让人们提高思想鉴别力,避免腐朽、落后文化的侵蚀,理性应对西方国家对我国的"西化""分裂"等错误行为,使人们在面对两大不同社会制度的意识形态冲突时做出正确、科学的判断。

(二) 抵御西方不良文化的侵蚀,树立社会主义文化自信

　　文化自信是发自内心对国家和民族文化的肯定和信任,是一种向上的情感和态度。没有文化自信,就没有文化的大发展和大繁荣,就没有建设社会主义文化强国的精神动力。法科生树立文化自信首先必须充分地肯定和相信我国社会主义文化,并积极传承、创新优秀传统文化、革命文化和先进文化。中国特色社会主义文化源于中国优秀传统文化,发展于丰富的红色文化,形成于中国特色社会主义先进文化。要增强文化自信,就要从红色文化中汲取前进的信心、智慧和力量。增强中国特色社会主义文化自信,就要坚定中国传统文化自信、革命文化自信。红色文化是在继承中国优秀传统文化的基础上,结合马克思主义理论产生的,是革命文化和中国特色社会主义先进文化的集结。所以,要树立社会主义文化自信最重要的就是要坚定红色文化自信,同时,由于红色基因是红色文化的基本内核和传承因子,传

承红色基因就是传承红色文化。

红色基因反映了中国共产党人的理想信念、革命精神、家国情怀和价值诉求,是推动中国特色社会主义发展前进的文化动力。第一,红色基因承载了广大中国人民的历史记忆,有利于促进文化认同。百年来,中国人民在中国共产党的领导下,围绕救亡与富国的历史和时代主题,书写了民族复兴的红色篇章。红色是血与火的颜色,也是中国共产党党旗、中国人民解放军军旗和中华人民共和国国旗的本色,暗藏着中国共产党艰苦卓绝的奋斗历史和感天动地的英雄史,彰显了中华民族的精神品质和中国共产党的优良作风。传承红色基因有利于增进人民对红色文化的认同感。第二,红色基因有着明确的文化方向,是鼓舞人民的强大精神力量。爱国主义、革命英雄主义、集体主义等中国精神,已沉淀为当今社会主义先进文化和社会主义核心价值观的重要特质,是激励当代中国人勇往直前的精神动力。第三,红色基因构成当今精神文化消费的重要资源与要素。红色基因中诞生了红色歌谣、红色旅游、红色经典书籍和影视作品等文化产品,是满足人民精神文化需要的重要内容。这些文化产品不仅蕴含丰富的政治智慧、道德品质,而且有利于推动经济社会健康发展,使人民深刻地理解历史和人民选择共产党、选择社会主义的必然趋势,进一步牢固树立中国特色社会主义文化自信。

在经济全球化的影响下,我国综合国力越来越强,目前已成为世界第二大经济体,于是西方就有了"中国威胁论"的荒诞说法,西方不良文化更是不断地冲击着我国的传统文化。自由主义席卷全世界,一些别有用心的人在多元文化的面具下打着历史虚无主义、文化种族主义旗号肆意歪曲近现代中国的历史,篡改历史真相,日益侵蚀法科生的思想文化观念,甚至造成大学生丧失文化自信,产生文化自卑感。"文化自信,是更基础、更广泛、更深厚的自信。"[1]"历史和现实都表明,一个抛弃了或者背叛了自己历史文化的民族,不仅不可能发展起来,而且很可能上演一场历史悲剧。"[2]传承红色基因是我们增强文化自信的重要举措,必须不断总结历史经验和教训,用马克思主义的理论全面、辩证、客观地看待中国共产党的奋斗历史,并深入学习红色文化知识,做红色基因的传承者和创新者,增强社会主义的文化自信,赢得意识形态斗争的主动权。

(三)巩固中国共产党的执政地位,坚定社会主义道路

红色基因体现了中国共产党的为民情怀。红色基因是党在长期奋斗中锤炼的先进本

---

[1] 习近平在庆祝中国共产党成立 95 周年大会上的讲话[N].人民日报,2016-07-02(2).
[2] 习近平.习近平谈治国理政[M].北京:外文出版社,2014:260.

质、思想路线、光荣传统和优良作风,是党始终能够与时俱进的精神内核。红色基因体现了中国共产党的宗旨,也体现了中国共产党的性质。建党以来,中国共产党始终坚持执政为民的理念,坚持"人民"是不变的价值取向,在全面建成小康社会、全面深化改革、全面依法治国、全面从严治党的伟大征程中,保持党同人民群众的血肉联系,与人民同呼吸共命运,带领各族人民不断奋斗,从小到大,从弱到强。红色基因展现出的为民情怀,有利于大学生在传承红色基因的过程中显著增强对党的爱戴和信任,从而巩固中国共产党的执政地位,更加坚定地走中国特色社会主义道路,消灭西方势力的不良企图。

　　传承红色基因,有利于使党员树立正确的政绩观。首先,树立正确的政绩观的实质就是正确对待人民群众,努力为人民群众掌好权、服好务的问题。红色基因中就包含了为人民服务的含义。因此,传承红色基因有利于党员树立正确的人民观。其次,牢固树立正确的政绩观,必须坚持实事求是、按客观规律办事。作为党员,想问题、办事情、作决策,都应该从实际出发,从长远利益出发,多做打基础的工作,按客观规律办事,才能作出科学的决策,达到预想的目的,才能成为人民心中的公仆。红色基因中就包含了实事求是的含义,因此,传承红色基因就有利于党员树立正确的政绩观。最后,树立正确的政绩观,还必须加强理论学习、坚定理想信念。党员自觉传承红色基因,有利于不断提高明辨是非的能力,增强道路自信、理论自信、文化自信和制度自信。新形势下,各级党员干部要不忘初心、坚定不移跟党走,牢牢把握正确的政治方向和舆论导向,坚定不移走社会主义道路,传承红色基因,弘扬优良传统,改革创新,才能更好地服务于党和国家工作大局,更好地服务于广大人民群众,肩负起时代的重任。

(四)加强爱国主义教育,坚持社会主义方向

　　爱国主义是中华儿女几千年凝结、积淀起来的对祖国纯洁、高尚、神圣的情感,是中华民族民族精神的核心内容。这种民族精神是民族发展进步的强大精神动力,是推动我国持续向前的巨大力量,是中华儿女的精神支撑,是鼓舞人民百姓团结奋斗的传统美德。我国十分重视爱国主义教育,将爱国主义教育放在首要地位。中共中央一再强调爱国主义的重要性,习近平总书记曾指出:"爱国,是人世间最深沉、最持久的情感,是一个人立德之源、立功之本。孙中山先生说,做人最大的事情,'就是要知道怎么样爱国'。我们常讲,做人要有气节、要有人格。气节也好,人格也好,爱国是第一位的。我们是中华儿女,要了解中华民族历史,秉承中华文化基因,有民族自豪感和文化自信心。"①

---

① 习近平在北京大学师生座谈会上的讲话[N].人民日报,2018-05-03(2).

　　红色基因包含了无数革命先辈的满腔热血和爱国精神,这份爱国精神是我们宝贵的财富,是我们赢得意识形态斗争的重要法宝。首先,红色基因为法科生爱国主义教育提供了物质载体。红色基因内容丰富、形式多样,无论是战争年代形成的井冈山精神、南泥湾精神、长征精神,还是社会主义建设时期形成的大庆精神、载人航天精神,都是红色基因的组成部分。它们承载着丰富的爱国主义文化,为大学生提供了具体、直观的素材,形成强有力的鼓舞和引导作用。再次,红色基因为大学生爱国主义教育提供了明确的政治方向。红色基因与马克思主义中国化、时代化、大众化过程紧密相连,传承红色基因,能够提高法科生的政治鉴别力和判断力,坚定社会主义政治方向。最后,传承红色基因,利用融媒体优势发挥红色资源爱国主义效能改变传统的说教式爱国主义方法,使大学生更好地理解爱国主义的含义,自觉主动地做一个爱祖国、爱社会的合格大学生。

第四章　红色基因融入法学教育的可行性分析

一、红色基因传承目标与法学教育目标的契合

红色基因的传承目标主要包括：使红色基因代代相传；培育大学生的奋斗精神和创新精神，提高道德素养和文化自信，从而形成正确的人生观、价值观和世界观；最终为实现中华民族伟大复兴凝聚中国力量。法学教育的目标：一是把大学生培养成高素质的优秀公民；二是把大学生培养成为高素质的法律职业工作者，其中包括形成高素养的法律职业道德；三是拥有扎实丰富的综合基础知识；四是有较强的实践能力和适应能力。因此，不难看出，红色基因的传承目标和法学教育的目标存在着许多互通的地方，两者是相契合的，为红色基因融入法学教育提供了可行性。

(一)道德目标的联系性

高校传承红色基因和进行法学教育的目标都是希望大学生形成良好的道德品质。习近平总书记指出："人无德不立,育人的根本在于立德。"[①]

高校教育,立德是立才的基础,只有形成高尚的品德才算成长成才。道德是指以善恶为标准,通过社会舆论、内心信念和传统习惯来评价人的行为,调整人与人之间以及个人与社会之间的相互关系的行动规范的总和。红色基因作为一种优秀文化和光荣传统,具有先进文化所具有的道德涵养和道德引领作用。长期受这种文化浸染和熏陶的人能涵养浩然之气,能提升精神境界,能引导灵魂向善。这就是高校传承红色基因的目的,即大学生通过传承红色基因形成良好的道德品质。同样的,法学教育也希望大学生形成良好的职业道德。目前中国的法学教育,对"才"即法律知识和职业技能的掌握强调较多,对法学教育的道德方面却不那么重视,这使得作为法学教育灵魂的德育反倒成了法学教育中的薄弱环节。如果这样持续下去,将对法律职业主体甚至对中国法治建设造成极大的负面影响。法学教育过

---

① 习近平在北京大学师生座谈会上的讲话[N].人民日报,2018-05-03(2).

程中进行德育渗透是法学专业人才培养过程中的应有之义,是培养合格法律人才的必然选择。法学专业人才培养的目标是德、智、体、美、劳全面发展,系统掌握法学知识,熟悉我国法律和党的相关政策,成为在国家权力机关、行政机关、审判机关、检察机关、狱政机构、企事业单位和社会团体从事法律事务、法学教育与研究工作的高级专业人才。相对于其他专业的学生而言,法学专业学生的道德教育状况具有更大的意义,社会对他们抱有更大的道德期望和道德要求,他们除了要成为社会守法的模范,更应坚守严格的职业道德。习近平同志在主持中共十八届中央政治局第三十七次集体学习时指出,中国特色社会主义法治道路的一个鲜明特点,就是坚持依法治国和以德治国相结合,强调法治和德治两手抓、两手都要硬。2017 年 5 月 3 日,习近平总书记考察中国政法大学,就全面推进依法治国、培养高素质法治人才和助力青年成长成才等发表了重要讲话,他强调:"法学教育要坚持立德树人,不仅要提高学生的法学知识水平,而且要培养学生的思想道德素养。"①因此,良好的道德素养的培养是法学教育必须提出的首要目标。

红色基因的传承目标与法学教育的道德目标是相联系的。高校传承红色基因主要是通过思想政治教育课实现的,可以说思想政治教育的内容包含红色基因。因此,红色基因传承与法学专业教育同属社会学科,具有相同的理论基础,存在内在的必然联系。例如,实事求是。实事求是不仅是红色基因强调的基本道德,也是法律范畴的基本准则。高校存在部分学生毕业后助学贷款催缴难的现象,其中就有一些法学专业的学生,这些学生不仅不讲实事求是,还缺乏诚信,应该承担违约的责任。在民法领域,借款行为是合同行为,合同一旦生效,借款人就应该履行按时还款的义务。又如,公平正义。公平正义是红色基因强调的基本道德。公平正义是党和人民在艰苦奋斗的历史征程中,在努力克服人类自私的基础上形成的优秀行为习惯,是被实践证明了的关于党的建设的成功经验,是顺应历史潮流且赢得人民群众拥护的优秀思想文化。从革命时期到改革开放时期,中国共产党始终秉持不偏不倚、公私分明的作风就充分地体现了红色基因中所包含的公平正义。同样的,公平正义也是法律要求的基本道德规范。法律人的职业使命决定了其职业道德是一种理性道德。这种理性主要表现为中立性,即将情感判断置于规则之下,做到公平正义。法律人必须以社会正义为价值准则,忠于事实,惩恶扬善,清正廉明。再如,刚正不阿、牺牲小己。刚正不阿既是红色基因的内涵,也是法学教育提倡的道德品质。刚正不阿就如孟子所说的"富贵不能淫、贫贱不能移、威武不能屈",亦是不徇颜面、不屈不挠的大无畏精神。牺牲小己,对法科生来说,就是议案或法律经合法的手续产生,那么无论如何都应当放弃个人意见,来维护法案实行,不应

---

① 习近平在中国政法大学考察时强调 立德树人德法兼修抓好法治人才培养 励志勤学刻苦磨炼促进青年成长进步[N].人民日报,2017-05-04(1).

当固执己见,做出阳奉阴违的事情。刚正不阿和牺牲小己是最重要的法律道德,是任何法律人都应该遵循的。忽略了其中任何一点,都容易造成法学教育内在道德支撑的缺失,无法形成内在的道德准则。

(二)实践创新目标的互通性

高校传承红色基因的目的之一是增强大学生的实践创新能力。红色基因本身就是一种创新精神、改革精神。创新是红色基因的核心要素,其内含着开天辟地、敢为人先的首创精神,锐意进取、矢志奋斗的求变精神,勇于探索、自我净化的革新精神;同时,创新还体现了党的理论灵魂和实践品格,是中国共产党人最鲜明的精神品质。红色基因中的创新精神不仅在中国共产党发展壮大的历史过程中发挥着关键的作用,而且在中国特色社会主义进入新时代开启新征程的过程中仍具有重要价值。高校传承和激活红色基因,必须充分利用红色基因的创新精神,深度挖掘体现红色基因中创新精神的文化资源,积极拓展宣传红色基因中创新精神的各种渠道,自觉以红色基因中的创新精神指导实践活动,教育和引导大学生形成变革创新思维,开拓创新,锐意进取,自觉以红色基因创新精神指导实践,不断增强大学生的能力和本领。

高等法学教育的目的是培养具有创新精神和实践能力的法律专门人才。社会上普遍反映部分法学毕业生缺乏实际运用能力,对法律实务实际运作方式不了解。他们只是单纯地硬搬、硬套法律条文,面对具体案件的具体情形缺乏全面分析,应对突发事件、疑难复杂案件的能力不足。这种现象大多是由现有的法学专业传统的重理论和法律条文讲授、轻实践和创新能力培养的教学模式造成的,不利于创新型人才的培养,也严重阻碍了学生未来的发展。要想培养实践创新型法律人才就必须让学生除了扎实掌握法律理论基础外,还要丰富自己的实践,提高实际工作能力。法学专业的学生走向社会从事律师、检察官、法官等工作,在实务操作过程中,不是生搬硬套法律条文,而是用自己的理智分析案情,这就需要学生具备创新能力。不断强化法学专业学生的创新实践能力,有利于更好地满足社会多元化和培养高质量的人才。实践是检验真理的唯一标准,是现存的感性世界的基础,也是社会各个层面、各类关系生成和演进的基础。因此,高等法学教育的培养目标必须是增强学生的实践创新能力,这样才能更好地适应社会的需要和实现法学人才的培养目标,反过来,培养学生的实践创新能力对推动国家社会主义现代化建设有着基础性的作用。

传承红色基因的实践创新目标和法学教育的实践创新目标具有互通性。首先,两者都是为了适应社会发展的需求。21世纪是以高新技术为先导的知识经济时代和信息化时代,高新技术和知识对创新的要求是连续的、系统的和全面的。为适应社会对未来人才的要求,教育的任务毫不疑问是使所有人的创造才能和创造潜力都结出丰硕的果实。高校传承红色基因是为了使广大学生不断适应社会的需求,法学教育也是为了使学生不断适应行业的变化,因此,实践创新是当代高校教育不可忽视的关键点。其次,红色基因传承和法学教育都存在重理论、轻实践的现状。由于红色基因传承和法学教育本就属于社会学科,传统理论讲解的教学模式,忽视了学生的积极性和主动性,抹杀了他们的创造力,因此,在这样的背景下,应该打破传统教学模式,注重实践创新能力的培养。

(三)文化目标的共同性

高校传承红色基因是为了丰富大学生的知识储备量,提高人文素质。人文素质包括具备人文知识和遵循人文精神。人文知识是人类关于人文领域的基本知识,如历史知识、文学知识、政治知识、法律知识、艺术知识等;人文精神是人类文化或文明的真谛所在,民族精神、时代精神从根本上来说就是人文精神的具体表现。人文素质是国民文化素质的集中体现。高校传承红色基因,有利于丰富大学生的红色文化知识,培养红色精神,从而提高人文素质。在中国革命、建设和改革中孕育的红色文化是构成社会主义先进文化的核心元素,其中,红色基因是红色文化的内核与精髓,是记录中国共产党波澜壮阔奋斗史的鲜活胎记,形成了红色歌谣、红色旅游、红色经典书籍和影视剧等文化产品,成为满足人们精神文化需求的重要内容。红色基因既有物质形态,又有精神形态。井冈山精神、红船精神、延安精神等是个人奋斗的精神榜样,是社会主义发展前进的文化引擎。因此,高校传承红色基因,有助于丰富大学生的基础文化知识,提高文化素养。

法学教育不仅要使法科生拥有全面而坚实的法律专业基础知识,还要使其拥有丰富的综合基础知识。葛云松认为:"法学教育首先应当具有通识教育的性质,因为法律职业要求从业者具有广博的知识和对经济、政治、社会乃至世故人情的理解和洞察力。"[①]因此,法科生拥有丰富的综合基础知识是十分必要的。综合基础知识包括社会学科知识、自然学科知识,如心理学、统计学、社会学、妇女学等,只有这样法科生才能在处理人和法的关系、人与人的关系、人与社会的关系时,有正确的态度,有足够的能力,有娴熟的技巧和方法。在美国,想要成为一名法科生,就必须先经过4年非法律专业的大学学习并合格,这样的法科生在具备了较综合的人文知识或自然科学知识后,在培养法律意识、理解法律条文以及领悟法律门类间的关系等方面易达到潜移默化、高效便捷的效果。我国法律专业的大学生也必须拥有

---

① 葛云松.法学教育的理想[J].中外法学,2014,26(2):285-318.

丰富的综合基础知识,如文学、政治学、经济学、哲学等,这样才能更好地适应社会的要求,才能符合国家发展的要求。

在此,高校传承红色基因的文化目标和法学教育增强大学生的知识基础的目标是相同的,都是为了提高大学生的文化素养。红色基因蕴含着丰富的文化知识,它是红色文化的核心和精髓,承载了中国共产党波澜壮阔的革命史、艰苦卓绝的奋斗史和感天动地的英雄史,充分体现了中华民族的精神品质和中国共产党的优良传统。大学生传承红色基因,有助于他们更深刻地了解中国近代史,丰富知识储备,提高文化素养。将红色基因融入法学教育是可行的,有利于扩宽法科生的知识面,进而加深对法律的理解和学习。

二、红色基因传承路径与法学教育路径的吻合

高校传承红色基因的路径与高校法学教育的路径相吻合。首先,两者都采用课堂教学的方式,有助于扩大教育对象和加快教学进度,进而提高教学工作效率。其次,两者都强调利用互联网优势,这有利于扩大学生的知识面。再次,两者都重视实践活动教育,以利于学生将知识内化于心、外化于行。最后,两者都注重校园文化的创建,使学生在潜移默化中学习知识,提高了学习效率。这进一步说明将红色基因融入法学教育是可行的。

(一) 采用课堂教学的方式

在高校,红色基因的传承主要通过以教师讲、学生听的课堂教学进行。如,大学思想政治理论课程、形势政策教育课程、大学哲学社会科学课程、中国特色社会主义理论体系课程等具有鲜明意识形态属性的课程是传承红色基因的主阵地,体现了社会主义大学的本质要求,是帮助大学生树立正确的人生观、价值观、世界观的重要途径。这与高校法学教育的教育路径是相吻合的。高校法学教育的理论知识传授也主要通过课堂教学的方式进行。它有利于把相同或相近年龄和知识程度的大学生集中在一起学习并使其相互促进和提高;有利于扩大教育对象和加快教学进度,从而提高教学工作的效率;更有利于使教学内容和教学实践有统一标准,从而有计划、有组织地进行教学安排,提高教学质量和发展教育事业。红色基因传承是一种宣传、学习的教育实践活动,法学教育也是一种教育实践活动,它们的教学方法具有较高的吻合性,具体表现在以下几个方面:第一,课堂讲授法。主讲老师挖掘红色资源和红色文化并将其传授给学生,有利于学生系统地掌握红色基因的理论知识。法学教

育也是以讲授法为主。老师以法律概念为起点阐述法律原理,可以使大学生系统地掌握所学的法学原理,进而准确地把握法律条文,并最终在实践中准确地使用法律。第二,榜样示范法。传承红色基因的过程中特别注重利用典型事件或典型人物的引导作用,深挖先锋模范人物,树立榜样,促使大学生向榜样学习,自觉地传承红色基因;法学教育也重视榜样的示范作用,在教学中,引用业界具有突出贡献的知名人士做表率,引导大学生向他们看齐并学习他们高尚的法律职业道德素养,成为一个高素质的法律人。第三,课堂讨论法。讨论式教学是指教学过程中,学生在教师的指导下,围绕某一中心问题,交流意见、相互启发从而弄懂问题的一种教学方法。在传承红色基因的过程中,老师提出关于红色文化的话题,并组织学生自觉参与和讨论,不仅有利于学生了解红色基因,还有利于提高学生思考问题的能力。在法学教育中也要善于利用课堂讨论的方法进行教学。法科生既学到了有形的法律知识,而且,通过积极地思考相关问题,也有助于大学生树立法律信仰和培养法律思维。

(二)强调利用互联网的优势

21世纪是一个信息时代,大学生的思维方式、生活方式、表达方式都与网络有着密切的联系。"互联网+"、手机App、微博等新传媒的产生也为大学生的知识学习开辟了多种渠道。在网络中,大学生可以接收到各种各样的信息,因此,一方面,网络为他们提供了广阔的空间,丰富了他们的知识,拓宽了他们的视野,另一方面,西方反动势力利用网络,将一些不良文化也传播到大学生中间。在这样的网络文化环境中,建立红色网站,积极引导高校大学生,通过他们喜欢的途径传承红色基因是十分必要的。随着信息技术的飞速发展,法学教育也同样利用网络不断完善自己的教育途径。传统法学教育存在着教学模式僵化、教学方式单一和专业建设有限、教学效果受制约等弊端。"互联网+教育"为教育注入了新的元素,对教育要素和教育结构进行了变革,是法学教育改革不可或缺的机遇。网络教学既是传承红色基因的重要途径,也是法学教育的重要途径,促进了教育效果和教育作用的充分发挥。

红色基因传承和法学教育对网络的利用有着相同的方式。如教育网站,高校运用多媒体技术实行网络红色基因的渗透教育,建立宣传红色文化的主题教育网站,形成了趣味性强的红色教育网络环境。法学教育也通过网络平台建立以法律为主题的教育网站,使法科生足不出户就可以阅览和知晓广博的法律知识。又如,以大学生为中心的教学模式,高校为了更好地传承红色基因,过于片面地讲求教师单方面的知识传授是不可能达到预期效果的,在利用网络教学传承红色基因的过程中,应用了强调大学生主体地位的教学模式。同样的,法学教育为达到教育目标,也采用了相同的教学模式,利用体验式学习、互动式学习,强调大学生的积极性和主动性。在新兴网络时代,高校利用互联网发展出多样化的教学模式,改变传统的以教师为中心的教学模式,给予学生更多的自由和发挥的空间,减少了大学生传统课堂的拘束,提高了自主性和灵活性,提升了教学质量,达到了因材施教的目的。

(三)重视实践活动教育

　　红色基因传承和法学教育都重视实践活动这一途径。实践活动是青年学生按照学校培养目标的要求,利用节假日等课余时间参与社会政治、经济、文化、生活的教育活动。红色基因,从根本上来讲就是要传承,习近平总书记强调:"红色基因就是要传承。中华民族从站起来、富起来到强起来,经历了多少坎坷,创造了多少奇迹,要让后代牢记,我们要不忘初心,永远不可迷失了方向和道路。"这就要求学生自觉地做红色基因的传承者和发扬者,以重大党史为切入点,策划开展一系列红色主题实践活动,只有积极地理论联系实际、投身实践活动,将所学内化于心、外化于行,才能做一个真正的红色基因传承者。法学教育也注重实践活动。法学作为一门实践性强的应用学科,它的生命就在于实践性。在社会实践中,开展暑期社会实践活动、撰写社会实践报告等,有利于更好地提升认知,增强认同感,从而增强学习效果。

　　传承红色基因的实践活动形式和开展法学教育的实践活动形式有着互通性。第一,组织社会志愿服务活动。如在红色基因传承中,组织大学生去参观革命老区,或组织大学生主动去社区宣传红色基因的相关知识,在加深自身对红色基因的了解的同时,也使更多人能接受红色基因的教育熏陶;在法学教育中,组织法科生走进社区进行义务法律咨询,带领大学生走进社区开展普法、送法活动,既能很好地训练其应变能力、思辨能力,也能构建良性互动的长期法律咨询关系,让大学生接触更多类型的案件,而不局限于教师提供的有限案例。第二,开展相关主题活动。在红色基因传承中,开展一系列主题活动,比如:以红色基因为主题的系列知识讲座、红色基因知识竞答赛、红色文化演讲比赛等,这与传统空洞的说教比起来,更能让大学生真实感受历史事件和体验革命先辈的革命精神。高校法学教育也开展了相应的主题实践活动,如学校组织的法庭辩论赛、法律知识竞答赛等,这对法科生法律素养的养成具有很大的提升作用,不仅丰富了法律理论知识,而且锻炼了实务操作能力。第三,组织大学生实地参观相关基地。定期带领大学生参观红色基地,将体验式教学贯穿红色基因教育过程,亲自感受红色基因。法学教育则组织大学生创建观摩审判场景,与红色基因的传承路径相同。观摩审判是一种重要的学习手段,能够给大学生最直接的感受,虽然大学生没有置身于法律审判的实际过程中,但是却处于一种实际的审判场景中,学生通过自己的观察、倾听和思考,能够从客观的角度分析法律知识的运用,促使枯燥的法律知识变得有趣、立体,并且激发学生增强对法律知识的兴趣,让法律理论知识成为活的理论知识。

(四)注重创建校园文化

校园文化是大学校园的血脉,是大学师生的精神家园。大学生显性的课堂教学载体需要隐性的大学文化载体作支撑,两者相互渗透、相互促进。校园文化对大学生的思想观念、价值取向和行为方式有着潜移默化的影响和熏陶作用,具有重要的育人功能。"孟母三迁"告诉我们,环境对人的品格的形成具有重要的影响,所以大学环境的好坏也影响着学生品格的好坏。因此,若期望大学生顺利地拥有较高的职业素养和精神,就必然需要良好的环境熏陶,这就要求要有健康、积极、向上的校园文化氛围。高校传承红色基因时,通过创建校园红色文化氛围,有利于使学生耳濡目染,做真正的传承者。相同的,法学教育也采用同样的手段进行法学教育。两者有着异曲同工之妙,对大学生的育人效果非常显著。

在高校中,不管是创建传承红色基因校园文化还是创建法学教育校园文化,两者都有着许多互通的地方。首先,两者出发点相同。红色基因涵括了信念坚定,纪律严明;对党忠诚,一心为民;艰苦奋斗,勇于牺牲;实事求是,敢于创新;清正廉洁,无私奉献等内容。法学教育培养的高素质法治人才的职业道德素养也包括了信念坚定、艰苦奋斗、无私奉献、实事求是等内容。创建校园红色文化氛围和法学教育文化氛围的出发点是相同的,都是为了使大学生养成良好的道德品质和把握正确的政治方向,成为一个对国家、对社会有用的人;都是为了实现中华民族伟大复兴的中国梦。其次,营造校园红色文化氛围和法学教育文化氛围的方式基本一致,都是理论联系实践,使大学生在潜移默化中学习知识,做好理论宣传,最终使大学生做到内化于心,外化于行,以实际行动做传承人。最后,两者都是以马克思主义文化观为指导,体现社会主义文化性质。红色文化是以马克思主义文化观为指导而创造的,涵养着中国共产党人的政治韬略和理论智慧,凝聚着中国共产党人的先进思想和革命精神,体现着中国共产党人独特而崇高的价值观,同时,红色文化与时俱进,随着中国社会的发展,显现着鲜明的中国特色社会主义文化的色彩。政法院校作为法治人才培养的第一阵地,必须把构建中国特色社会主义法学教育话语体系摆在首要位置,必须坚持马克思主义的指导地位,尤其是要以习近平总书记新时代中国特色社会主义思想为根本遵循,才能担负起作为高校的重任。

三、红色基因教育功能与法学教育功能的重合

教育功能是指教育活动和系统对个体发展和社会发展所产生的各种影响和作用,可分为两类:一是培养人的功能,即主体功能;二是对社会起作用的功能,即社会功能。高校传承红色基因,既传授红色基因的理论知识,又加强红色基因的实践教育,使学生在潜移默化中受到祖国山河的感染和民族精神的激励,强化了红色基因的教育功能。高校法学教育同样以理论加实践双管齐下的方式对法科生进行系统的专业教育,发挥高校法学教育强有力的教育功能。其中,红色基因的部分教育功能与法学教育的部分教育功能是重合的——它们有着相同的主体功能:激发个人的价值评估;以及相同的社会功能:提高全民道德、培育公众信仰、促进社会和谐。这为红色基因融入法学教育提供了可行性,表现如下。

(一)个人价值的评估

红色基因教育有激发个人价值评估的功能。一个人的价值,不仅要体现在金钱或财富的创造上,也要体现在对社会的贡献和影响上,因为没有社会价值,个人价值就无法存在,社会价值为个体自我完善、全面发展提供了保障。因此,我们个人必须评估自己的价值,并基于自己的价值为社会献出自己的一份力量。红色基因中蕴含了独特的精神基因,例如:井冈山精神、长征精神、延安精神、西柏坡精神等。尽管那个时代已经过去,但这些精神依然是个人在现代社会中生存和发展的基础。面对革命先辈用生命和鲜血换来的稳定和康泰,更能使个人深刻地认识到自己的价值。在传承红色基因的过程中,受益于红色文化的感染和教育,我们每一个人都应该意识到,个人价值需通过社会发展来反映,个人价值的实现应放在社会发展的大环境之中,为实现中华民族伟大复兴的中国梦贡献自己的力量。

法学教育有发挥个人价值评估的功能。法科生在是非面前,明辨真伪,清楚立场,在为社会贡献力量的同时,实现个人价值。首先,法律具有社会性,在法学教育中,要求法科生正确地评估个人价值,坚持把社会价值放在首位。法律来源于生活,与我们的日常生活有着紧密的联系。在日常社会生活中,人与人之间发生了利益纠纷就需要民法来解决。当人与人之间发生的矛盾有了严重后果和十分坏的影响时就需要刑法来解决。法科生应该多多关注社会热点问题,尤其是对社会秩序、社会关系造成影响的重大事件,用法律人的眼光进行价值分析和判断,以便形成良好的法治思维,成为一个公正严明的人,把社会利益放在首位,真

正实现个人价值。其次,法律具有正义性。法律是正义的体现,它对一切人,包括统治者和被统治者都是平等的。所以,在法学教育中,培养的法科生不管是在人与人的交往问题上,还是在对待法律事务方面,都能够非常理性、正义地处理问题,运用法律标准衡量对错,真正明白个人价值的实现就是为追求社会最大利益服务的。

(二) 全民道德的提高

红色基因作为红色文化的内核,是提高全民道德的关键因素,同时,也是增进社会和睦的主要因子。对于一个国家而言,是否能太平安稳;对于一个社会而言,是否具备良好的风气,都与社会主义道德建设有着很大的关系。社会主义道德是一种强调整体精神,强调以社会、国家为中心的爱国精神。它主张以仁和爱为原则,注重以德载物以及人与人、人与物的和谐相处。它也关注人生价值,重视人与家庭、与社会的义务关系,同时推崇实践的重要性,注重个人在道德中的能动实践性。例如在井冈山革命根据地形成了军民团结友爱的局面,树立了良好的道德风尚。现今,人们在参观革命根据地时,能切身体会到当时优良的道德风尚,并在潜移默化中接受道德教育。

法学教育也同样发挥着提高全民道德的功能。法科生从他们报考法学专业的那天起,就立志从事公共事务(无论是做法官、检察官、警察、公务员,还是当律师,其职业选择本质上都属于公共事务),因此,必须注重对学生的公民道德教育,把他们培养成为优秀的、高素质的公民。首先,加强法学教育有利于社会主义精神文明建设,从而提高公民的道德素养。因为精神文明建设包括社会主义法治建设的要求,只有加强法治建设才能够实现全民素质的整体提高,提高全民的法律意识,从而促进社会主义和谐发展。其次,法的公正、无私为社会树立了道德榜样,从而提高了公民的道德素养。高校的法学教育不仅要注重法科生的知识能力的培养,还要注重法科生道德素养的培育,使法科生形成高尚的职业道德素养,从而树立道德榜样,影响和教育全民养成良好的道德品质。

(三) 公众信仰的培育

传承红色基因有利于满足人民日益增长的精神文化需要,也是培育公众信仰的需要。红色基因中涵括了宝贵的精神财富。为什么有许多人能够克服重重困难,远渡国外去寻求救国的真知? 为什么有许多人奋勇直前、不怕牺牲,积极投奔救国战场? 为什么有许多人在面对牺牲时大义凛然、淡定从容? 为什么有许多人站在国家、人民的立场鞠躬尽瘁、无私奉献？这就是强大的信仰力量。红色基因是从中国革命中发展而来的,其中革命优良传统是促进人民信仰培育的重要因素。人们通过参观红色革命基地和接受红色文化熏陶,增强自身对红色文化的学习,从中感悟现今生活得来的不易,从而珍惜当下,并养成良好的道德品质、形成坚定的社会主义信仰。

　　法学教育也同样有利于培育公众的信仰,包括社会主义法治信仰、高尚的道德信仰等。影响社会主义法治信仰生成的因素有传统法律文化、权利意识、社会公平意识、守法意识等。首先,通过法学教育有利于促进传统法律文化的熏陶。中国传统的法律文化包括法律思想、法律心理等观念上的文化,也包括一些制度方面的文化。经过岁月的沉淀,它已经形成了自身的体系,且加入了民族的特色,对于培育公众的信仰是十分有利的。高校法学教育就可以充分利用中国传统法律文化对进学生行熏陶,进而培育公众法治信仰。其次,通过法学教育有利于增强权利意识。权利意识与法治信仰相互影响。如果每个人都不重视权利意识,那么在平常的生活中就不会把法治内化成信仰,那么法治信仰就不可能建立。相反,如果每个人有着坚定的法治信仰,那么整个社会就会有着较强的权利意识。因此,通过法学教育能够有效地培育公众的权利意识,从而促成公民信仰的养成。最后,通过法学教育有利于树立守法意识。高校本就是育人的阵地,可以起到良好的教育作用,通过法学教育,不断构建法律文化氛围,可以有效地提高守法意识。法学教育还可以提高公民的道德信仰。通过法学教育,可以让人们自觉地区分善、恶、美、丑,不断提高道德水平。

(四)和谐社会的建成

　　社会主义先进文化有助于社会主义和谐社会的建成。中国革命史是中国历史的重要组成部分;中国革命精神是中华民族精神的重要组成部分,也是中华民族优秀文化传统的生动体现。通过传承红色基因,深刻地挖掘、引用红色革命文化,有助于宣扬先进文化,促进和谐社会的建成,例如:用先进事迹启发人们,培养爱国精神,用红色文化熏陶人们,培养高尚品质等。传承红色基因,特别是红色基因中的爱国主义精神有利于发挥红色文化的教育功能。和谐社会为传承红色基因提供了良好的环境氛围,而红色文化教育在更高层面讲也是国家政治工作和文化工作的重要部分,它包含的道德教育、价值观教育、信念教育以及爱国奉献教育,对于社会的和谐稳定有着十分重要的作用。

　　法学教育同样有利于和谐社会的建成。俗话说,没有规矩不成方圆。社会的持续稳定、和平发展与各种规范制度存在着很大的关系。法律由国家强制力保证实施且对社会具有普遍约束作用,它维护了社会的和平稳定。首先,通过法学教育有利于培养一批又一批高素质法治人才,从而促进社会的法治化。实践证明,社会生产力水平越高,对法治完善程度的要求就越高。如果社会缺少法治,那么公正、和谐、诚实、自由、友爱、团结等就会不复存在。例如,当矛盾发生时,法律可以明确矛盾主体之间的权与责,并对矛盾冲突的解决进行有效合理的指导,真正做到公平公正,达到维护社会安定和秩序的目的。其次,法学教育有利于培养人们的法律意识。人们在面对突发事件时学会用法律的武器解决,不仅能有效地保护自己的正当利益,而且还能使矛盾的解决办法更高效,利己利人,从而避免不必要的麻烦。

第五章　红色基因融入法学教育的现状分析

"光荣传统不能丢,丢了就丢了魂;红色基因不能变,变了就变了质。"[①]作为我国教育体系中不可或缺的重要部分,法学教育在人才培养方面的创新必然要在深厚的教育文化底蕴的熏陶中、在红色文化资源的沐浴中进行探索。2017年5月3日,习近平总书记在中国政法大学考察时,就法治人才培养发表重要讲话,特别强调要"坚持以马克思主义法学思想和中国特色社会主义法治理论为指导,立德树人,德法兼修,培养大批高素质法治人才"[②]。各高校,尤其是作为国家法治人才培养的领头羊的各政法院校,在新时代背景下,如何按照全面推进依法治国的根本要求,办好法学教育,着力培养德法兼修的高素质法治人才,就显得十分迫切。因此,将红色基因融入法学教育是新时代各高校探索的重要内容之一。新时代的法科生,作为国家法治发展的后备军,是影响社会道德和法治发展的重要因素。那么,各高校对红色基因的重视情况、法科生对红色基因的认知情况究竟如何呢? 本章通过对重庆市各高校法学专业的大学生进行问卷调查,对红色基因融入法学教育的状况进行统计分析,总结影响红色基因融入法学教育的原因,为进一步研究红色基因融入法学教育提供真实的数据基础。

一、研究内容

根据本书前部分的文献综述,本书的实证调研主要探讨以下两个方面的内容。

(一)状况研究

总体上把握目前各高校对红色基因的重视情况;各高校在推进红色基因融入法学教育过程中遇到的困境,以及所采取措施的成效和不足;目前法科生对红色基因的认知情况及影

---

① 中共中央文献研究室.习近平关于全面从严治党论述摘编[M].北京:中央文献出版社,2016:49.
② 习近平在中国政法大学考察时强调 立德树人德法兼修抓好法治人才培养 励志勤学刻苦磨炼促进青年成长进步[N].人民日报,2017-05-04(1).

响其认知的因素。

（二）针对性研究

新时代教育对象和教育媒介等均呈现出新的特征，对教学实践的针对性提出了各个方面的挑战。为此，针对目前各高校在推进红色基因融入法学教育过程中遇到的困境，本书着重研究如何从教育者、教育对象、教育媒介和教学实践四个方面提升红色基因融入法学教育的状况，以期在路径探索与模式创新中充分发挥和利用红色基因在法学教育中的价值和意义，更好地达到良好的育人效果。

二、调查问卷设计

（一）调查问卷设计原则

1.可靠性

调查问卷能在不同条件下呈现出准确和稳定的数据，即具有可靠的表现。除极其特殊的情况外，调查者和被调查者会因某些因素的不同而选择不同的选项，继而影响填写调查问卷的状况和结果。因此，本书编制问卷时，充分考虑了不同学校的地理位置、生源情况、教学状况等因素和受教育者的认知状况、身心发展状况等因素，力争最大限度地降低干扰因素对数据质量的影响。

2.可接受性

对问卷调查而言，至关重要的是问卷设计要充分考虑问卷的可接受度和被调查者对问卷的理解程度。本次问卷调查的对象为法科生，其在各自院校接受法学教育的同时，也在直接和间接地接触红色基因，对红色基因融入法学教育的现状有一定的认知，比较容易接受此次问卷调查。此外，还在问卷中明确告知被调查者此次问卷调查采用不记名的方式，且调查结果只用于学术研究，此举能够减轻被调查者的心理负担，促使其从真实性出发填写问卷，进而保证调查结果的真实性和有效性。

(二)调查问卷发放范围及对象

本问卷的发放范围为重庆市内设有法学专业的本科院校和专科院校,发放对象为各高校法学专业在校专科生、本科生、硕士生和博士生,具有一定的代表性,能体现问卷调查的科学性和有效性。本书以对这些调查问卷的数据分析为基础,充分掌握红色基因融入法学教育的状况,由此分析其中存在的问题以及产生这些问题的原因,进而提出解决对策。

(三)调查问卷编制及测试

第一步,初制问卷。笔者通过参考国内外相关研究报告、文献综述以及其中的调查问卷,并对各高校法学专业教师、思想政治理论课教师、学生工作者和当代大学生进行深度访谈,开放性地收集项目,界定调查问卷的题项选择,初步形成预测问卷。

第二步,优化问卷。选400份调查问卷在西南政法大学进行小范围试测,将收回的问卷进行统计分析,对试题结果进行信度和效度分析。同时,在"中国法制史""中国监察法""中国法律思想史"等课程实施,检验调查问卷的有效性和路径设计的可行性。根据最终的分析结果筛选出问卷题项,据此进一步调整问卷结构,形成正式的调查问卷。

第三步,正式测试。以重庆市各高校法学专业的在校专科生、本科生、硕士生和博士生为调查对象。为保证调研信息的客观性、真实性以及准确性,本次测试一方面委托高校教师、辅导员以及学生干部随笔者一起发放问卷,使被调查者在一定程度上放下戒备,另一方面采用不记名的方式,在保护被调查者个人信息的同时获得被调查者信任。

三、问卷调查情况

(一)调查对象的基本情况分析

本次问卷调查共发放问卷1 360份,收回问卷1 300份,有效问卷1 275份,收回问卷的有效率为93.75%。填写问卷大学生的基本信息如表6-1所示。

表 6-1　参与问卷调查的大学生的基本信息

属　性		比例构成/%
性　别	男	34.35
	女	65.65
学　历	专科	63.45
	本科	29.65
	硕博士	6.9
年　级	大一	32.08
	大二	31.76
	大三	18.43
	大四	9.41
	研究生及以上	8.32
政治面貌	中共党员或预备党员	10.82
	共青团员	79.06
	群众	9.73
	其他	0.39

（二）红色基因融入法学教育的现状分析

　　要考察红色基因融入法学教育的现状，就需在法学教育的基础上，即在法学教育的教学过程中进行客观分析。对此，首先就要了解作为教育客体的法科生对红色基因的认知情况。对法科生而言，接受法学教育，最重要同时又最有效的途径就是接受学校教育。其次还要进一步考察法科生所在院校在法学教育教学中对红色基因的重视程度，也就是院校对红色基因的内涵、价值的了解程度以及红色基因融入法学教育所采取的措施的有效性及途径的优化性。

1.法科生对红色基因内涵的了解情况

在"您了解红色基因的含义吗?"这一问题的回答中,仅有15.06%的法科生表示十分了解,而有20.86%的法科生表示"不了解",64.08%的法科生表示"一般,听说过"(图6-1)。

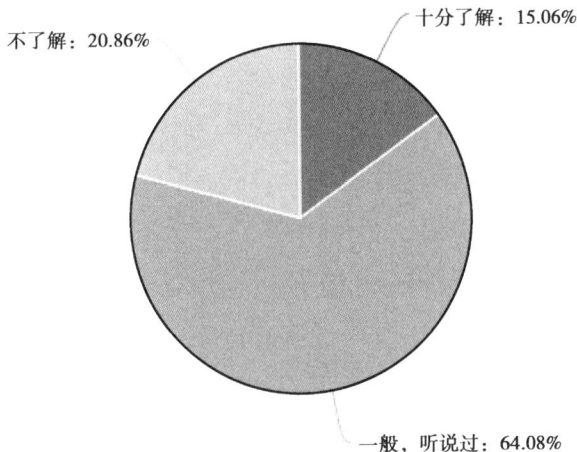

图 6-1　法科生对红色基因内涵的了解情况

在"您认为红色基因的内涵应包括哪些方面?(多选题)"这一问题中,许多法科生并不能正确地给出答案。如针对"信念坚定,纪律严明"选项,94.82%的法科生予以选择;针对"对党忠诚,一心为民"选项,95.53%的法科生予以选择;针对"艰苦奋斗,勇于牺牲"选项,91.76%的法科生予以选择;针对"实事求是,勇于创新"选项,91.14%的法科生予以选择;针对"清正廉洁,无私奉献"选项,91.45%的法科生予以选择。

在"您认为德治和法治同等重要"这一题项中,回答"非常符合"的法科生占61.33%;回答"符合"的法科生占31.92%;回答"一般符合"的法科生占5.41%;而回答"不符合"和"完全不符合"的法科生分别仅占1.1%、0.24%(图6-2)。

以上几个题项的设计,目的是掌握目前法科生对红色基因的了解情况。通过分析对这几个问题的回答,我们可以看出,目前法科生对红色基因的了解情况不太乐观,不能十分准确地理解和掌握红色基因的内涵。这反映了目前红色基因对法科生的影响还不够,没有在学生的心中生根发芽。但是,自中国共产党成立以来,特别是"不忘初心、牢记使命"的主题教育开展以来,红色教育一直都是各高等院校在意识形态领域常抓的重要内容。因此,法科生对红色基因应该不陌生,对其的认知应当更深入才对。

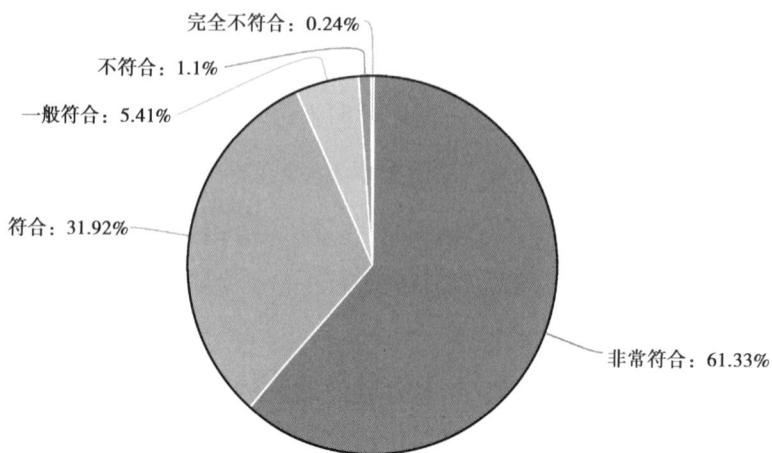

完全不符合：0.24%
不符合：1.1%
一般符合：5.41%
符合：31.92%
非常符合：61.33%

图 6-2　法科生对德治和法治重要性的认识情况

2.各高校对红色基因教育的重视情况

在"目前您所在院校在法学教育教学中十分重视红色基因的融入"题项中，回答"非常符合"的法科生占 33.41%；回答"符合"的法科生占 42.67%；回答"一般符合"的法科生占 21.26%；而回答"不符合"和"完全不符合"的法科生分别仅占 2.27% 和 0.39%（图 6-3）。

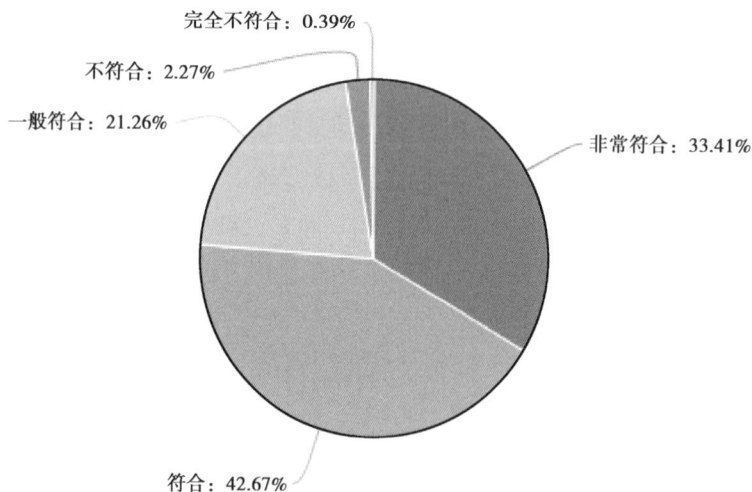

完全不符合：0.39%
不符合：2.27%
一般符合：21.26%
非常符合：33.41%
符合：42.67%

图 6-3　各高校对红色基因融入法学教育的重视情况

在"您所在院校在教学过程中，教师常用中国共产党人的初心和使命来提醒法科生需时刻保持自己的初心和使命"题项中，重庆市各院校的重视程度较为不错，39.53%的法科生选择"非常符合"；43.22%的法科生选择"符合"；14.9%的法科生选择"一般符合"；而只有1.88%和0.47%的法科生分别选择"不符合"和"完全不符合"（图 6-4）。

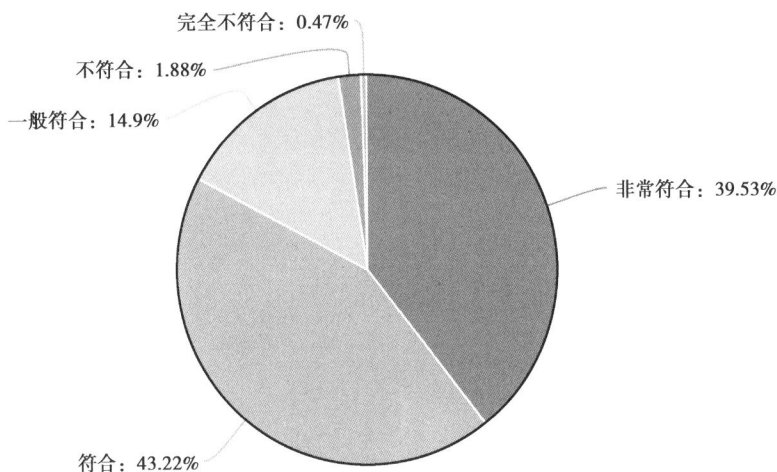

图 6-4　各高校对法科生保持初心和使命的重视情况

　　在"您所在院校在开展'不忘初心、牢记使命'主题教育时,时刻在法学学科背景下为大学生讲解红色基因融入法学教育的必要性及其价值"这一题项中,回答"非常符合"的法科生占 43.76%,回答"符合"的法科生占 42.35%,回答"一般符合"的法科生占 11.92%,回答"不符合"的法科生占 1.41%,回答"完全不符合"的法科生占 0.56%(图 6-5)。

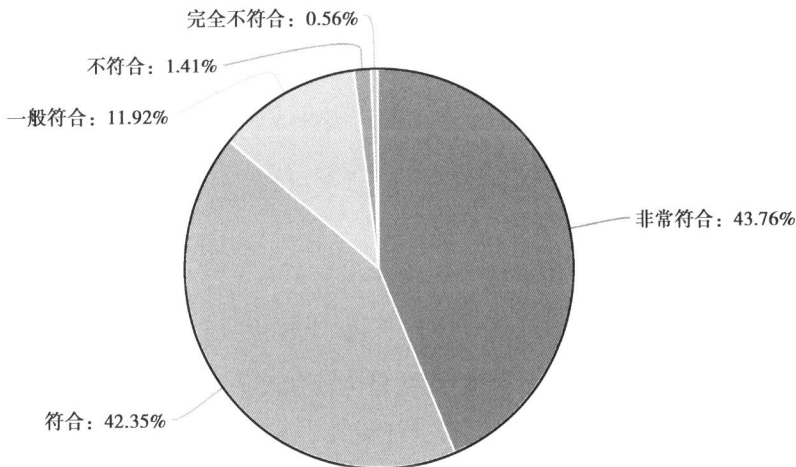

图 6-5　各高校讲解红色基因融入法学教育的必要性及其价值的情况

　　在"您所在院校充分利用当地红色文化进行红色基因的讲解"这一题项中,回答"非常符合"的法科生占 35.84%;回答"符合"的法科生占 43.53%;回答"一般符合"的法科生占 17.88%;而回答"不符合"和"完全不符合"的法科生分别仅占 2.2% 和 0.55%(图 6-6)。

　　在"您所在院校通过哪些途径进行红色基因的教育?(多选题)"这一题项中,许多法科生认为自己所在院校采取了多样化途径。如"开展红色主题文体活动""课堂教学"和"建立大学生'红色社团'"等途径深受各院校的青睐,分别占 77.8%、75.69%、61.18%。另外,"建立红色资源实践教育基地""建立红色网站"和"其他"途径分别占 54.67%、52.94% 和 29.65%。

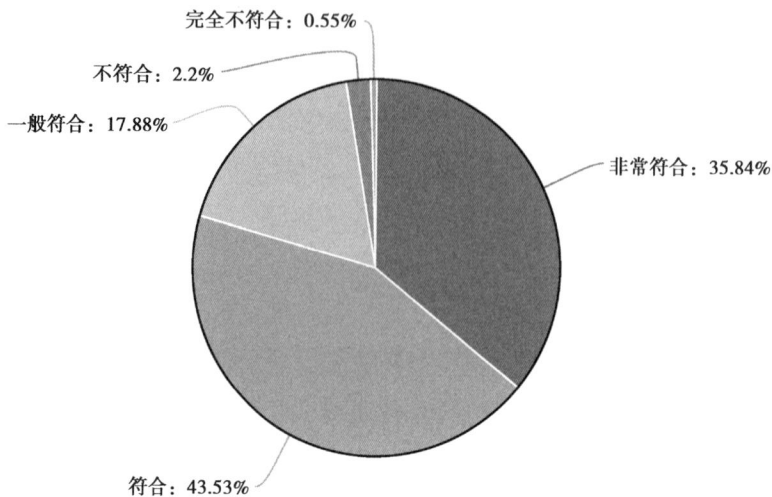

完全不符合:0.55%
不符合:2.2%
一般符合:17.88%
非常符合:35.84%
符合:43.53%

图 6-6　各高校充分利用当地红色文化讲解红色基因的情况

本部分几个题项的设计,旨在考察各高校对红色基因融入法学教育的重视情况。总体来说,各高校对红色基因融入法学教育的重视情况良好,能较好地利用当地红色资源,根据党中央指示切实进行红色基因教育,但重视程度还需继续加强,以提高教学实效性。

3.红色基因融入法学教育的途径

在"您认为您去过的爱国主义教育基地对您有很大的启发"这一题项中,回答"非常符合"的法科生占 31.14%;回答"符合"的法科生占 47.69%;回答"一般符合"的法科生占 19.61%;而回答"不符合"和"完全不符合"的法科生分别仅占 0.93% 和 0.63%(图 6-7)。

在"您认为十分有必要在课堂教学中添加有关红色基因的内容"这一题项中,回答"非常符合"的法科生占 41.18%,回答"符合"的法科生占 42.51%,回答"一般符合"的法科生占 14.04%,回答"不符合"的法科生占 1.41%,回答"完全不符合"的法科生占 0.86%(图 6-8)。

在"您十分愿意参加由学校和学院组织的学习了解红色基因相关内容的实践活动"这一题项中,回答"非常符合"的法科生占 39.84%;回答"符合"的法科生占 42.75%;回答"一般符合"的法科生占 15.22%;而回答"不符合"和"完全不符合"的法科生分别仅占 1.41% 和 0.78%(图 6-9)。

完全不符合：0.63%

不符合：0.93%

一般符合：19.61%

非常符合：31.14%

符合：47.69%

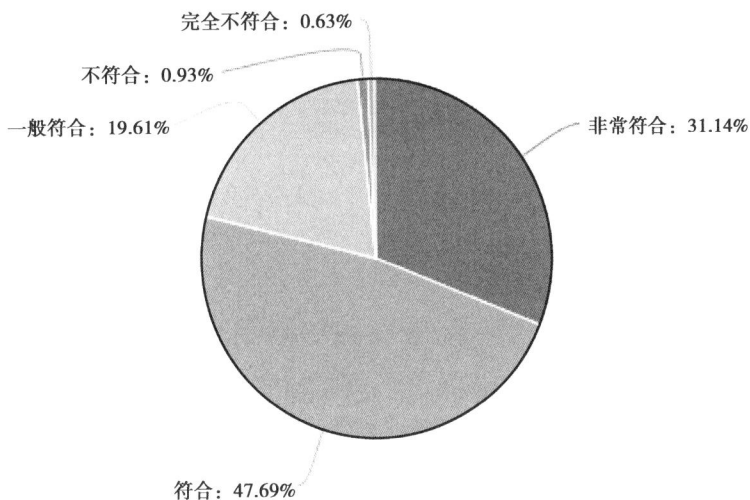

图 6-7 爱国主义教育基地对红色基因融入法学教育的推动情况

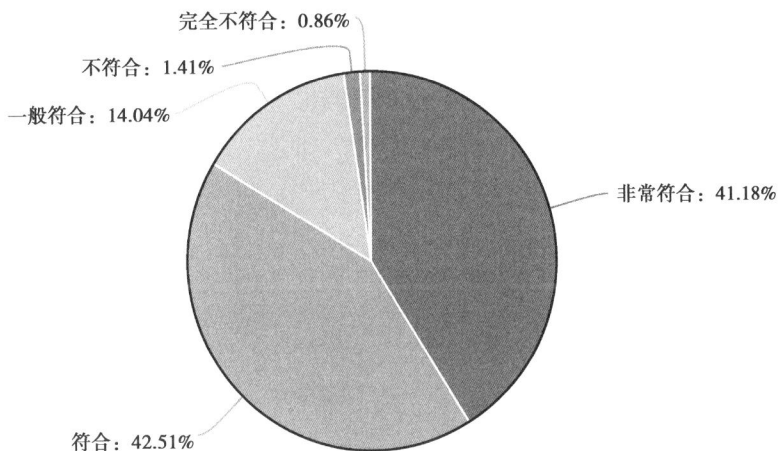

完全不符合：0.86%

不符合：1.41%

一般符合：14.04%

非常符合：41.18%

符合：42.51%

图 6-8 在课堂教学中添加有关红色基因的内容对红色基因融入法学教育的推动情况

在"您认为思想政治理论课的内容利于培养德治和法治人才"这一题项中，回答"非常符合"的法科生占 42.04%；回答"符合"的法科生占 43.22%；回答"一般符合"的法科生占 12.71%；而回答"不符合"和"完全不符合"的法科生分别仅占 1.48% 和 0.55%（图 6-10）。

在"您更喜欢下列哪种教育方式？"这一题项中，许多法科生倾向于通过社会实践来丰富自身，其中"社会实践（如参观红色景点，参加志愿者服务、普法活动等）"占 62.51%；"主题活动（如辩论赛、职业生涯规划大赛等）"占 14.67%；"网络宣传（如视频短片、红色影视作品等）"占 12.71%；而"理论讲授（如课堂教育、讲座、报告会等）"仅占 10.11%（图 6-11）。

通过这几个题项的回答可以看出，各高校在红色基因融入法学教育的路径选择上，课堂教育、讲座、报告会等大家熟知的传统教育方式越来越不受法科生的青睐，逐渐被时代淘汰。

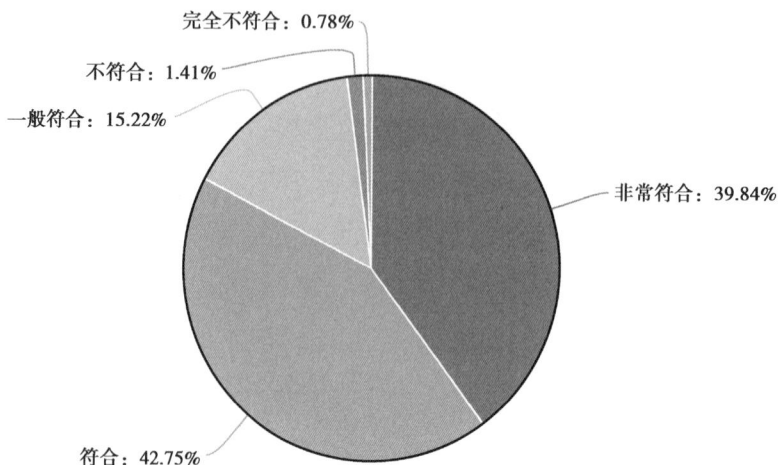

图 6-9　学校和学院组织学习了解红色基因相关内容对红色基因融入法学教育的推动情况

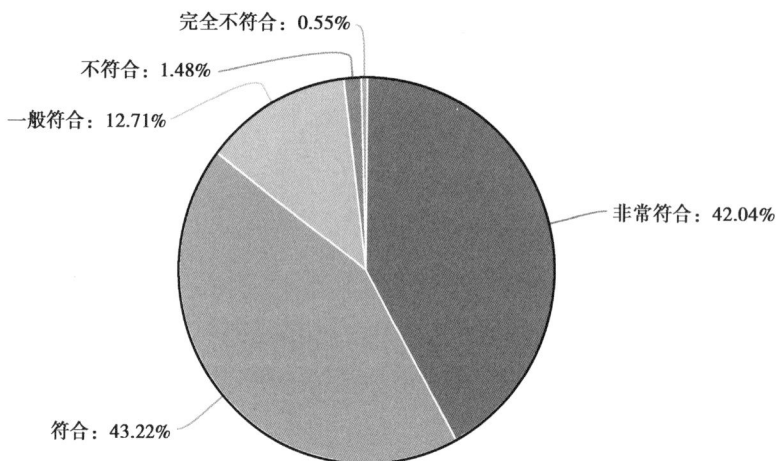

图 6-10　思想政治理论课的内容对红色基因融入法学教育的推动情况

而随着法学教育在教学方法方面的深化改革,实践教学的优越性让法科生越来越倾向于通过社会实践,如参观红色景点,参加志愿者活动、普法活动等,在主动参与的过程中接受红色基因教育。

　　通过对调查问卷以上三个部分的数据分析,我们对当前红色基因融入法学教育的状况已有了一个整体了解:一是各高校对红色基因的重视程度较高,能将红色基因的相关内容融入法学教育的教学过程中;二是各高校在将红色基因融入法学教育的实施途径方面,所采取的途径有待优化和创新;三是法科生对红色基因教育的接受程度较低,对红色基因缺乏正确的认知。这些现象表明,法科生对红色基因融入法学教育的重视度不够,高校相关的实施途径也有待完善和提高。

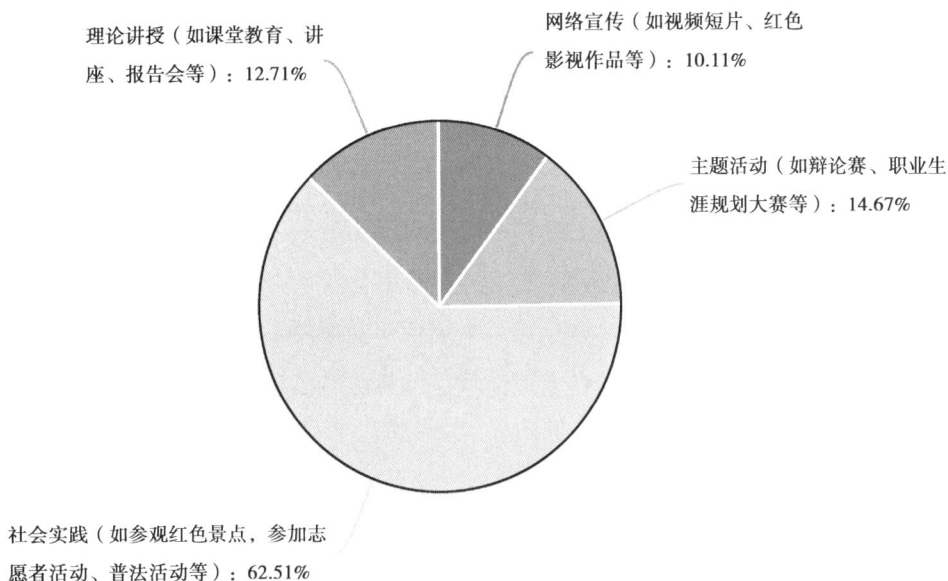

图 6-11　教育方式对红色基因融入法学教育的推动情况

四、红色基因融入法学教育存在的问题

新时代法学教育发展的总体方向应着力于教育部、中央政法委联合发布的《教育部 中央政法委关于坚持德法兼修实施卓越法治人才教育培养计划 2.0 的意见》(以下简称"2.0 意见")。"2.0 意见"指出,卓越法治人才教育培养的总体思路应该"坚持以马克思主义法学思想和中国特色社会主义法治理论为指导,围绕建设社会主义法治国家需要,坚持立德树人、德法兼修,践行明法笃行、知行合一"①,即新时代法学教育应将德治和法治相结合,让德治教育与法治教育融合贯穿整个教学过程。然而纵观现阶段法学教育的发展,其与德治教育的融合仍存在较大的探索空间,特别是在与作为道德的重要内容的红色基因相融合的过程中,教育者、受教育者、教育媒介和教育实践均显露出一些问题,需要进行科学的分析和探讨。

---

① 教育部 中央政法委关于坚持德法兼修实施卓越法治人才教育培养计划 2.0 的意见[EB/OL].[2018-09-17].中国政府网.

（一）教育者的主动性缺乏

1.立德树人根本任务把握不够

法学教育与其他学科的教育一样,根本任务是培养人才,为社会培养全面发展的优质人才。教育的根本任务是立德树人,高校立身之本也在于立德树人。目前,坚持立德树人、德法兼修的教学培养目标,基本上就形成了中国特色社会主义法治人才培养体系。但在教学实践中,法学教育对立德树人根本任务的内涵、本质及其要求没有进行全面解读与把握,呈现出许多亟待解决的问题,具体表现如下。

一是对立德树人的认识不足。目前,有些法学教师对立德树人的地位和内涵认识不全面,没有很好地将之内化为自己的思想认识。如各高校法学院都讲立德树人,用德育铸就法治人才之魂,可具体问到立德树人的内涵是什么、标准是什么,就处于模糊状态,不能十分清楚地予以回答了。并且,有些教师将立德树人与立才树人相混淆,没有彻底厘清两者的关系。经实践检验,我们知道,两者是人才培养标准的两个维度,既有区别又有联系。立才树人偏重智育的培育,是孕育有智之人;立德树人偏重德育的培育,是培养有德之人。法学教师对立德树人在认知层面出现问题,就会在内化、践行阶段逐渐偏离正确的轨道,进而影响学生对德育的理解和接收。

二是对立德树人的践行不够。高校法学教育对立德树人的践行主要体现在整个教学过程之中。目前法学教育立足于"2.0意见"的教学方向,坚持立德树人的人才培养规划,但在教学运行中仍对此把握不当。比如,道德知识的传授和道德素养的培养把握不平衡。对立德树人根本任务的把握,既需要道德"硬件"——道德知识的支撑,也需要道德"软件"——道德素养的浸润与塑造。对法律法条的理解常需咬文嚼字,受此影响,法学教师常用知识讲授的方式对待红色教育,局限于对法科生进行道德知识的传授,将复杂的德育过程看成是简单的对道德知识的掌握,把道德素养的培养等同于道德知识的传授,而忽视了知识需要在内化的基础上才能转化为自身的道德素质,德育的任务不仅是促进受教育者在认知上有所进步,更是让受教育者在情感、品德、意志和行动上有所改变,实现其态度的转变、信念的确立、素质的养成和行为的实践。

2.教学理念阐释有待加强

在法学教育过程中,法学教育理念贯穿整个教学过程,是在系统、理性认识法学教育的基础上形成的教学思想,具有相对稳定的延续性和指向性。实践证明,"教育理念是教育实践的内在动力,教育改革与进步必须以理念的突破和更新为先导。没有先进的教育理念,教育的目标必定是片面的,教育的行为必定是短暂的,教育的发展必将是被动的"①。由此可知,有效的、正确的教学理念对于教学实践具有重要作用。法学教育在改革开放四十余年间不断充实、发展,在教育理念的更新方面也取得了很好的成绩。但细究之后我们不难发现,法学教育理念在新时代的阐释度上还需加强,具体表现在以下两个方面。

一是在教育理念的价值取向解读上,工具理性突出,价值理性弱化。近些年来,法律专业人才的需求与社会的快速发展成正比,快速膨胀。而这让本身就易受工具理性驱使的法学教育在这一客观环境中粗放式地扩张,其工具理性的倾向越来越明显。教育者在教学过程中常常忽视法科生法律人格的培养,简单地认为技术性传授的法律职业主义就是法学教育的培养理念。在工具理性价值的熏陶之下,正处于世界观、人生观和价值观形成关键时期的法科生们缺少道德的软化,极易形成不合理的价值取向,成为精致的利己主义者,最终在"名缰利锁"之中走向庸俗乃至堕落。正如习近平总书记曾指出的一样:"其中比较突出的一个问题就是一些人价值观缺失,观念没有善恶,行为没有底线,什么违反党纪国法的事情都敢干,什么缺德的勾当都敢做,没有国家观念、集体观念、家庭观念,不讲对错,不问是非,不知美丑,不辨香臭,浑浑噩噩,穷奢极欲。"②

二是在教育理念的认识和践行上,统一度不足,出现偏差。"培养什么人"是中国特色社会主义新时代法学教育必须解决的核心问题。对此,许多教育者结合党的教育方针,从教育价值、教育目标、教育内容和教育方法等方面进行了多角度的探究。在探究过程中,教育者对教育理念有了充足的、辩证的认识,在认知上有了很大提升,达成了德智体美劳全面发展的理念共识。但在实际教学实践中,教育者偏离"培养造就一批信念执着、品德优良、知识丰富、本领过硬的高素质法律人才"③的"卓越法律人才教育培养计划"总体目标,在无意识中仍表现出重专业知识、轻道德知识的教学行为,没有肩负起"引路人"的"传道"职责,出现育才不育人的教育失败现象。如有研究指出:"长期以来,人类知识体系高度分化发展,各门课程的功能不断被狭隘化,知识的分门别类变成各门课程在育人功能上的互不相关。似乎一类知识只与成人相关,而另一类知识只是用来满足成才的需要,这导致了长期以来,在我国高校的课程教学中,专业课程把满足大学生成人需要推给思政课,思政课也把满足大学生成才需要推给了专业课,人为造成了成人教育与成才教育的分离和思政课与专业课在育人功

① 韩延明.理念、教育理念及大学理念探析[J].教育研究,2003,24(9):54.
② 中共中央文献研究室.十八大以来重要文献选编(中)[M].北京:中央文献出版社,2016:166.
③ 贾宇.抓住关键环节培养卓越法律人才[EB/OL].[2013-07-02].中华人民共和国教育部.

能上的分裂。"①教师的这种教育理念为法科生在未来工作中缺乏职业道德素养埋下了隐患。许多法科生受之影响,在学习中沿袭重视自我专业知识提升、忽视自我道德素养培育的学习模式,成为德智体美劳没有全面发展的法治人才。

3.教师知识结构亟待更新

在法学教育领域,教师的专业水平和综合素养可以一定程度上体现社会整体的法律文明程度,并对社会的法治状况造成直接影响,甚至对国家能否实现法治及法治程度的高低起关键作用。法学教师是一个社会法律和法学发展的重要基础和基本保障。② 那么,教师知识结构在教学过程中的重要性就不言而喻了。教师知识结构是教师完成预定教学目标和推进自身专业发展的硬性条件,其中智慧品性和道德品性是评判教师知识结构的两大重要维度。智慧品性,即教师为培养人才应掌握的专业理论知识和技能;道德品性,即教师为培养人才应具有的高尚道德修养。

在教学过程中,教师是对学生施加有目的、有计划、有组织的教育影响的个体或群体,是教育活动的发动者、组织者和实施者。因此,要做好学问之师,智慧是内在和必然的品性。教师需要与时代偕行,与个体社会化的过程相适应,不断更新专业知识结构,以确保教学内容科学合理。而在教学实际运行过程中,教师的个人专业素质参差不齐,有待提升。如在"思想道德修养与法律基础"这门课程中,有些教师可以将法治教育与理想信念、爱国主义等具体的道德内容进行有机结合,让法科生深刻领悟道德与法律之间的关系,从而理性地看待自身的职业伦理规范。而有些教师因自身知识结构的局限性,难以准确地把握道德与法律之间的内在逻辑关系,从而不能明了地让法科生理解道德与法律之间的辩证关系,弱化了教学应有的功能。同时,部分教师安于现状、停滞不前,不愿主动加强专业能力的培养,充实自己,提高自己的知识水平。

另一方面,习近平总书记指出:"要加强师德师风建设,坚持教书和育人相统一,坚持言传和身教相统一,坚持潜心问道和关注社会相统一,坚持学术自由和学术规范相统一,引导广大教师以德立身、以德立学、以德施教。"③近年来,大学中的个别科研工作者造假、腐败,对教学工作缺乏严谨的治学态度的现象影响着教师的整体形象,引起了全社会对高校教师道德素质的深切忧虑。教师职业道德本身就是一种巨大的教育力量,对学生起着潜移默化

---

① 沈赤.思政课的育才功能应该强化[N].济南日报,2019-08-28(A08).
② 卓泽渊.法治进程中的法学教育与法律人才[EB/OL].[2007-04-02].中国法学网.
③ 张烁.把思想政治工作贯穿教育教学全过程开创我国高等教育事业发展新局面[N].人民日报,2016-12-09(1).

的作用。① 同时,从现实情况来看,部分法学专业课教师的道德素养意识还比较缺乏,不能很好地培养法科生的职业伦理道德,甚至有些专业课与学校的思政课拉错调、讲跑调、唱反调。目前,高校对法学专业课教师的德育工作没有进行具体的、明确的规定或制度要求,很多专业课教师仅限于提升自我的专业知识能力,增进自己的竞争优势,而忽视自身道德素养的提升,在教学工作中,着重完成"授业"任务,解决学生在课程学习中遇到的问题和专业发展方向上的困惑,而将学生思想道德养成中遇到的问题或困惑规划在专业课教师的解答范围之外,丢给学校的思政课教师。由此,整个法学教师的知识结构出现偏差,呈现出"教书"和"育人"两张皮现象,影响着教学质量的提高。

4.教材编制有待完善

自法学教育开办以来,教材问题便是影响其发展的重要因素。对此,教育部也大抓教材建设,以提高法学教材质量。近年来,国家教育主管部门先后颁布了《教育部关于加快建设高水平本科教育全面提高人才培养能力的意见》《教育部 中央政法委关于坚持德法兼修实施卓越法治人才教育培养计划 2.0 的意见》和《法学类专业本科教学质量国家标准》,对法学学科以及具体的部门法学科的教材编撰工作起到了指导作用,为相关教材编撰工作的体系性提供了总体方针。根据这些文件的精神指示和相关要求,法学教育教材的内容包括德育知识、专业理论知识和应用技能知识等。根据新时代的新变化和新要求,法学教材质量得到了很大的提高,但其在编撰建设方面仍有一些急需解决的问题。

一是德育知识和法学专业理论知识结合不紧密,呈现出脱节现象。当前,全国的政法类大学都设置了"思想道德修养与法律基础"这一课程,对法学专业的学生进行一定的法治教育和道德教育。该课程的教材《思想道德修养与法律基础》结合法治和德治的相关知识点,为法科生的全面发展提供了基本的法律知识和道德知识,但其在编排方面还存在一些问题。我们可以明显地看出,其内容共有九章,除绪论外,还包括思想、道德、法律这三个方面。这九章内容在编排上,基本上是各自章节分开论述思想教育、道德教育和法治教育的知识点,且仅有三章内容论述法治教育。另外,在整本书中,将道德教育和法治教育结合在一起论述的内容很少,只占很小的比例。这种编排方法虽然用思想、道德、法律三大板块构成了较为完备的体系,但是"道德"与"法律"在内容上显然联系得不够密切,导致"德法共育"的教学思想欠缺合理性,影响高校法科生接受教育的质量,进而影响教学目标的实现和教学效果的优化。

---

① 黄蓉生.教师职业道德修养[M].重庆:西南师范大学出版社,2001:86.

二是教材编撰工作依旧缺乏体系性。法科生所接触的德育方面的教材,主要是法律职业伦理相关课程的书籍。根据《法学类专业本科教学质量国家标准》,法律职业伦理被设置为一门法学类专业十分重要的课程。法律职业伦理的相关课程可以引导学生形成正确的世界观、人生观和价值观,养成正确的职业道德素养。而目前法律职业伦理教材的内容建设缺乏成熟度。当前,培育法科生职业伦理的教材就有《法律职业伦理》《法律职业道德》《司法职业伦理》等。这些教材从内容而言,差异较大,是对法律职业伦理这一整体中各个部分的阐述,而对其共性部分涉及较少,并且大多以律师职业伦理、法官职业伦理、检察官职业伦理、公证员职业伦理进行分类论述。

5.教学话语表达方式欠妥当

合理的教学话语表达方式,对教师的传道和学生的内化起着无形的润滑作用,能促进师生之间信息的有效传递,使教学效果得到不断提升。著名教育学家苏霍姆林斯基表示,语言是对学生心灵产生关键影响的重要工具。教师的教学过程和学生的学习过程都离不开教学语言的承载。

目前,大多数法学教师都遵循教学的规律和学生的身心发展规律,在教学话语表达方式的设计方面取得了积极成果。但是,在实际教学运行中,有些法学教师仍然在"技术路线设计""和谐教学关系"等方面存在问题。具体在教学过程的"技术路线设计"上,教师对教学话语的差异性、教学语言的魅力性把握不当,以至于教师的信息输出方式不同于学生欣然接收的方式,师生之间的"知识桥梁"呈现出一定程度的断裂。在教学过程中,教师常常在无意识中忽视学生之间的差异性,用统一的教学语言对整个大班进行红色基因和法学专业理论知识的讲解。这种统一的教学语言的运用对教学进度的推进有益无害,但对法科生学习目标的达成和教学效果的实现却是不利的。同时,在教学实践中,教师对教材的讲解平实乏味,对教学内容的阐释在语言表述上缺乏感染力和魅力,存在空洞化、概念化等问题。在课堂上,语速过快或过慢、语气单一、语调没有抑扬起伏、语言缺乏丰富性是常见的问题。这些问题将导致教学内容吸引力和渗透力明显不足,很难为学生搭建知识的"桥梁",很难在情感上实现"可亲、可信",从而弱化了学生对教学内容的吸收。

另一方面,在教学过程的"和谐教学关系"上,教师与学生的平等关系未完全建立,教师对学生的亲和力仍显不足,出现"失语"现象,影响教学效果。和谐的师生关系有助于提高受教育者的学习积极性和主动性,而欠缺亲密度的师生关系直接影响教育的针对性和实效性。在教学过程中,教师常扮演"宣讲者"和"灌输者"的角色,而学生则扮演"接收者"和"被灌输者"的角色,过于突出教师的主导作用,而忽视学生的主体作用,限制平等、互动的师生关系的形成。这种师生之间的互动"把师生间的关系简单理解为一种知识传输活动,教育向人展示的只是一个'科学的世界',而忘却了作为根本的'生活世界'"①,缺乏教学应有的情怀和温度。同时,受法学语言严谨、逻辑性强的影响,有些法学教师在话语表达方式方面过于注重理论推导和逻辑论证,难以用灵活多样、通俗易懂的方式与学生进行交流。

(二)受教育者的工具性突出

1.成长目标的缺位

"有理想、有本领、有担当"是新时代青年成长成才目标的应有定位。对法科生而言,"有理想"即要求法科生"功崇惟志,业广惟勤",立志做一名德法兼修的社会主义法治人才;"有本领"即要求青年"学如弓弩,才如箭镞",实实在在地成为法治建设的实践者、法治进程的推动者和法治文明的传承者。然而,纵观学生的学习状态,有些学生抱着完成任务的心态对待学习,其学习过程缺乏精神动力的支撑和成长目标的引领。

理想指引道路,道路决定命运。青年有理想才有为之奋斗的精神动力,青年一代只有在清楚的自我认知的基础上树立远大理想,才能在梦想的引导下实现人生价值。在法科生的个人理想信念方面,有些法科生理想信念淡薄,找不到人生的目标和真正的价值,在人生发展的"拔节孕穗期"缺乏强有力的精神支柱。他们处于"要我学"的被动状态,找不到恰当的努力方向,要不力气用错地方,要不就没有学习和生活的动力,以致逐渐患上"空心病"。法科生在某些方面过于关注自我的成长和发展,一定程度上忽视了对他人和社会的价值。

另一方面,理想信念是个人的重要精神支柱,同时,也为民族发展提供精神动力。只有在这种精神引领的作用之下,我们才会清醒地认识到自己的目标,社会才会拥有更加充分的不断向前发展的动力源泉。对个人而言,"个人梦"是其追求个人理想、实现自我价值的梦想;对于国家而言,"国家梦"是实现中华民族伟大复兴,是一种共同理想。"个人梦"和"国家梦"是相互促进、相互依存、辩证统一的关系。在当代社会,法科生基本上都知道社会理想对实现个人理想的深刻影响,但缺乏将"个人梦"融入"国家梦"的意识和为国为民的现实关怀,不知要实现个体的社会价值就必须将个人理想融入国家与民族的共同理想之中。同时,有些法科生对国家梦缺乏全方位的认知和解读,割裂个人梦和国家梦之间的辩证关系,片面地认为国家梦离自己很遥远,与自己的成长成才毫无关联,所以更加侧重于个人理想的

---

① 雅斯贝尔斯.什么是教育[M].邹进,译.北京:生活·读书·新知三联书店,1991:135.

实现。

2.学习实用主义的盛行

受知识竞争、就业压力、就业不平等等复杂社会因素的影响,实用主义的价值取向充斥着大学生的头脑,影响着大学生的整个学习过程。在此价值取向的消解下,"是否有用"成为大学生选择学习内容的首要依据;"何以为生"的智慧和技能是他们的学习重心,但是"为何而生"背后的精神内涵却被忽视。因此,部分大学生在重物质生活建设、轻精神生活建设,重个人利益发展、轻整体利益发展的个人主体意识的畸形发展中逐渐成为工具性的人,即马尔库塞所谓的"单向度的人"。具体到学习方面,这种学习的实用主义首先就表现在学习动机上。

学习动机是学习的原动力,是激发并维持个体的学习活动朝向一定学习目标的重要支撑力。适当的学习动机对个体学习起着事半功倍的效果,但不适当的学习动机会对个体学习产生阻碍作用。学习动机上的实用主义倾向导致大学生的学习态度、学习过程和学习目的以实用性为标准来衡量,其主要表现在学习内容选择和学习精力分配上。部分法科生青睐于见效快、花费小、持久的学习内容,如重视实用技能的学习,轻视单纯理论知识的积累,不愿把学习精力放在耗时长的知识内容上。在选课中,易考、易过的课程成为热门,而如思想政治理论课、专业公共基础课、发展方向任选课、全校公选课等课程则被冷落。抱着凡事都可物化的观念的他们,违背学习的本质,缺乏学习的热情,认为学习法律和道德知识只是为了符合某种条件,只是为了某种现实功绩。更有甚者,为了获得某些利益,跨越道德底线,触犯刑律。

(三)教育媒介的助推力度有限

1.教育方法缺乏时代性

教育方法是教师与学生之间的中介要素,是教师进行"传道""授业""育人"的方式和途径,对教育的最终目标有着不可估量的影响。作为连接教与学的纽带,教育方法如果恰当且合理,那么教育内容就可以更好地为学生所接受,反之,则会阻碍教育进程的有效推进。目前,红色基因融入法学教育的实践虽仍在继续推进,但在推进过程中,教学方法的选择没有充分体现出时代性,以至于影响教学的"针对性、实效性和时代感",达不到教育效果的最大优化。

一是多采用理论灌输，切身体验感不强。红色基因和法学教育的特有性质决定了教师和学生须在实践教学中进行认知的深化、情感的认同和行为的塑造。长久以来，我国各大高校的法治教育与道德教育都偏向于基础理论的灌输，与社会实践相脱离①，即教师传授知识，学生被动地接收知识，整个教学过程缺乏与实践的衔接和互动。如在此次调查中，高达75%的学生认为自己所在院校是通过课堂教学进行的红色基因教育，66%的学生认为目前自己所在院校在通识课、专业课关于红色基因的教学中多采用理论灌输的方式，这种教学方式拘泥于填鸭式、灌输式的理论教学，多以讲授、讲解、理论学习等方式进行，切身体验感不足，学习的理论性和实践性缺乏平衡，看似认真的课堂却难以让学生深刻地体味与感悟红色基因的魅力。"只有促使学生获得了切身体验的东西，才能入脑入心，珍藏久远，有效促进体验者的德性成长"②，让学生在内化于心的基础上达到外化于行的教育效果。

二是红色基因的宣传形式缺乏新意，亟待改善。在信息化、智能化高度发展的当今社会，法学教学与红色基因教学可以有更加丰富多彩的结合方式，特别是对红色基因的宣传形式而言，理应是丰富而多样的，而现实是当前红色基因融入法学教育的教学方法缺乏时代特征，根本没有体现出当前的时代特色，难以满足新时代大学生的心理需求。中国互联网络信息中心（CNNIC）在北京发布第44次《中国互联网络发展状况统计报告》（以下简称《报告》），《报告》显示，截至2019年6月，我国网民规模达8.54亿，其中学生网民达26.0%，占比最高。这表明青年学生的信息来源渠道主要为网络。而目前在高校的红色教育宣传中，学校拘泥于旧的形式方法，常采用海报、横幅、广播等手段，利用的红色网站也是简单设计，缺乏吸引力，与新时代大学生喜闻乐见的信息接收方式存在偏差。

2.教育内容缺乏丰富性

教学内容是指教师以学科知识体系为依据，以教材、教学资料、社会文化为基础，以服务于教学过程中知识、能力、情感三大目标为目的，以促进教与学的互动为导向，密切结合学科发展趋势与前沿，充分融入教师自身长期学术研究积累之精华，并充分结合学生学习经验而精心选择、凝炼生成的课程教学基本教学资源，是教师课堂教学的施教蓝本。③ 教学内容直接关系到教学质量和人才培养质量，选择合理恰当的教学内容能激发学生的学习兴趣，让每堂课深入人心，从而优化教育效果。而目前红色基因融入法学教育的教学内容的选择欠缺丰富性，使得教学内容空洞，不具有吸引力。

①　陈建华,邢滢滢.大学生法治与道德教育有机结合路径探究[J].教书育人(高教论坛),2017(3):58-59.
②　刘惊铎.体验:道德教育的本体[J].中国德育,2002(4):15-17.
③　赖绍聪.论课堂教学内容的合理选择与有效凝练[J].中国大学教学,2019(3):54-58.

一是教学内容呈阶段性选择,没有连贯性。每个阶段和时期,红色基因教育的重点会有所不同,由此教学内容选择的重点随之而有所变动。如在提出"中国梦"这一概念的初期,教学内容向个人梦、国家梦倾斜;在开展"不忘初心、牢记使命"主题教育时,教学内容又以初心和使命为重点;在重大纪念日时间段,教学内容又以各重大纪念日的主题为主。由此,教学内容虽及时联系时事热点,做到因时而异,具有很好的教育实效性,但其忽略了学生身心发展的特殊性。新时代的学生多为95后、00后,他们对于红色基因缺乏切身体验,难以拥有系统的知识结构。因此这种缺乏连贯性的红色基因教育对他们而言,难以在充足的认知基础上产生情感共鸣。

二是未能实现教学内容的有效全覆盖。所谓全覆盖,即对各个主题的内容都应当予以较充分的讲授,并将各个主题联系起来,成为网状格上的知识点,做到独立性和联系性的统一。而当前红色基因融入法学教育的教学内容涉及多个主题的教学,其在全覆盖上有以下两个问题。其一是分开讲述各个主题的内容,而未能将各个主题的内容进行紧密结合,导致学生在接收所有主题的教学内容后,充其量只是对各主题内容有一个模糊的认知,而缺乏对一个又一个具体主题的把握及各主题之间的联系的掌握,从而未能达到培养理论思维能力的目的。其二是教师在对每一个具体主题进行讲解时,根据课时量的安排,会对内容进行详略处理。对此,有些教师会着重对主题内容的意义、发展规划和启示进行讲解,而对其发展历程轻描淡写。这种对教学内容的安排,不利于学生对主题内容形成体系化认知。

3.教育载体缺乏综合性

科学挖掘和综合运用教学载体是实现红色基因融入法学教育的前提和基础,也是保障其顺利进行,乃至提高其成效的重要手段。然而,目前红色基因在融入法学教育的过程中对教学载体的挖掘度不深,综合运用度较低,具体表现为以下两个方面。

一方面,各个教学载体单独运用的力度不足。第一,思想政治理论课对红色基因物质载体的运用不到位。有些教师在思想政治理论课中,只是采用已有教材中的革命精神和革命品格为法科生进行讲解,没有灵活地挖掘红色基因物质载体的最新研究成果,也较少结合时代变化为红色基因物质载体赋予新的内涵。第二,在网络教育平台的建设上,大多数高校只是在学校、学院的官网上进行红色基因的宣传,且其宣传不到位,存在如下问题:红色基因网站设计不新颖,其内容主要以文字形式呈现,少有视频、音频、图像,且缺乏系统性和整体性的分类;红色基因网络平台未进行及时更新,一些理论材料、新闻动态更新较慢,呈现出滞后性;红色基因网络平台的互动性不足,有些网站缺乏必要的交流板块,有些网站虽然设计了相应的交流、互动平台,但是缺乏互动的及时性;网络平台影响力较低,存在学生因教学要求而被动关注的现象。第三,社会实践平台的运行效果较差。目前有些法学院校通过参观红色教育基地、开展志愿者活动等社会实践活动的方式加深法科生对红色基因的认知,旨在培养德法兼修的法治人才。但在实践活动的开展中,有些教师过于注重形式,只是把学生"搬运"到红色景点进行拍照、写新闻,而未能深层挖掘红色基因内在精神层面的东西,未能充分发挥社会实践的重要功能。

另一方面,各个教学载体的综合运用度较低,表现出散漫的缺点。目前有些高校为节省时间、成本,较为单一地运用教学载体。有些高校主要通过思想政治理论课进行红色基因的讲授,但在讲授过程中,对红色资源内容的呈现缺乏吸引力和感召力,如PPT的设计、网络资源的选取等,均影响法科生对红色资源的进一步理解。在红色文化融入校园文化的方面,拉横幅、贴海报是常见的宣传方式,而在演讲比赛、辩论赛等对法科生十分重要的活动中却鲜有融入,因此削弱了红色教育对法科生的影响力和震撼力。同时,到红色教育基地进行走马观花式的参观、开展几次座谈会或报告会也显露出目前大部分高校在与红色教育基地的交流与合作力度上有待加强,形式上有待改进。

(四)教育实践的针对性不强

1.教学安排欠缺一定的合理性

教学安排是教师开展教学工作的依据,包括对教学课时、教学形式、教学内容等的规定。目前,各高校在教育部的统筹指导下,根据所在院校的教学要求对具体的学科专业都进行了教学安排。但是,在教学实践中,有些高校的教学安排缺乏一定的合理性,影响了良好的教学效果的达成。

首先,在理论与实践的安排上,一是理论与实践脱节。学生对每门课程的学习都需要在理论与实践的动态融合中进行实践—认识—实践的螺旋式认知的提升,以实现教育效果的最大优化。然而,目前高校对学生课程的教学安排普遍实行"先进行理论的培训,再进行实践操作"模式。对于具体的教学安排,有的高校以学期为界,在一学期的前半期集中进行理论知识的讲解,在后半期进行实操部分的教学;有的高校以学年为界,在大一、大二期间集中进行理论知识的灌输,在大三、大四期间再进行实践能力的锻炼。二是在课时安排上,各高校也向理论知识倾斜,理论与实践的课时悬殊,如某政法大学在"思想道德修养"这门课程的教学安排上,以每周2课时为量,共计32课时,其中理论占28课时、实践占4课时;在"法理学""宪法学""法律文书写作基础"等核心知识和职业能力课程上也予以同样的安排。这种对理论与实践把握不当的不合理的教学安排,既在无形中让学生养成重理论轻实践的观念,又不利于学生的全面发展。其次,在不同课程的安排上,教学规模表现出可变性。有些高校在必修课程上采取小班教学的教学方式,但在公共选修课、通识必修课上采用大班教学,人数几乎是小班教学的一至二倍。例如,大多数法学院校在"形势与政策"等课程上,都是大班教学方式,而在"民法学""刑法学"等课程安排上,却是小班教学方式。这种因课程"重要程度"而进行教学规模调整的方式,在一定程度上违背了教育的初衷,不利于教学的良好开展。

2.教学质量欠缺一定的可测性

法学教育质量的核心是人才培养质量,而法律人才培养质量的关键是要有行之有效的教学质量评定体系,从而通过对教育质量的监控与评估,对整个教学活动起到导向、检查与监控的作用,切实保障教学质量的提高。其中,教学质量评价指标的可测性是必然要求。教学质量可测性是指教学指标所规定的内容尽可能量化,通过实际观察和测定后可以获得明确的结论。但是,目前在红色基因融入法学教育的教学过程中,质量的可测性存在一些问题。

红色基因融入法学教育,任务是让法学专业的学生有德智体美劳全面发展的机会,培养具有更高综合素质的社会主义建设者和接班人。其教学内容涉及德育、智育、体育、美育和劳育等方面。目前,考试是评测教学质量的重要手段,其可以较为清楚、真实地反映学生对教学内容的掌握情况。这一手段在历年的实践检验中显现出了其优越性——可以很好地对智育、体育、美育和劳育等方面进行可测性的检测,得出明确的结论。如在智育中,通过考试,可以对学生薄弱的知识点一目了然;在体育中,通过考试,可以很清楚地掌握学生的体质情况;在美育中,通过考试,可以检测出学生认识美、爱好美和创造美的能力如何;在劳育中,通过考试,可以十分清楚地看出学生的劳动意识和劳动能力如何。可是,个体的德育具有一定的隐蔽性,它可以巧妙地避开试卷中设置的陷阱,伪装成具有高尚品格的个体,如在一些心理健康检测中,一些熟知"套路"的个体巧妙地避开试题的检测,使评定结果为正常等级。因此,教师对学生进行德育传授的效果,难以通过简单的量化方式体现出来,更难以通过一张试卷来评测教学质量的好坏。

五、影响红色基因融入法学教育的因素分析

(一)教育者的引导对红色基因融入法学教育的影响

1.传统教学价值观的错位,缺乏思想性

关于教学任务,我国有一个基本提法:"传授和学习系统的科学基础知识和基本技能;在这个基础上发展学生的智力和体力;在这个活动过程中培养学生共产主义世界观和道德品质。"[①]在不同的历史阶段,我国的教育目标和任务有所调整,党的十八大报告首次提出"把立德树人作为教育的根本任务",但知识价值的教育观始终存在,且处于较高地位,教育界对教学任务的理解没有得到根本改观。由此,"立德树人"根本任务提出后,仍存在教师对"立德树人"认识和践行维度不充分、对教学理念阐释不清楚的现象,导致教学任务不能很好地落地生根,不能发挥应有的导向作用。

教育不仅要传递给学生专业知识,更要关注学生的思想动态,让学生的品德修养、价值追求和精神品格等向上向好发展。细究传统教学价值观的特点:一是强调知识技能的传授,忽略思想内涵的塑造;二是把价值观教育等同于知识教育,认为通过传授、灌输的手段,同样可以塑造学生的价值观。其实知识教育和价值观教育有很大的区别,是对教学任务的两种不同把握方式。知识教育是对客观事物的认识和理解,主要解决"是什么"的问题,可以通过直接和间接的方式进行传授而获得,具有客观性。价值观教育是在认知的基础上对客观事物进行"好不好""怎么样"的判断和评价,不是通过简单的传授就可以养成和形成的。对于同样的事物,持有不同价值观的主体会有不同的理解,即价值观带有主观性,会随主体的不同而有所区别。同时,价值观虽是在知识的基础上形成的,但不是知识的简单堆砌,价值观的形成过程既需要主体情感、阅历等因素参与,也需要主体内化于心、外化于行,体现于言行举止中;价值观的形成结果不同于知识的掌握结果,即掌握了价值观的定义、内涵、特点及其形成规律,并不代表学生就形成了人们所期望的价值观。因此,价值观不等同于知识,价值观教育不等同于知识教育。无论是强调知识教育还是把价值观教育等同于知识教育的做法都是不合理的,对教学价值观的错位理解极易在教学实践中引起张力,让教育失去正确的定

---

① 王策三.教学论稿[M].2 版.北京:人民教育出版社,2005:99.

位和价值导向。

2.教师提升激励机制不健全,缺乏动力性

良好的激励机制可以有效激发教师的内生动力,帮助教师更好地教学,提高教学质量。教师的知识是教师专业化程度的重要标志,对学生知识架构的建立、思想觉悟的提升和道德品性的养成有着重要的影响。针对当前教师在智慧品性和道德品性方面出现的问题进行分析发现,教师知识结构的优化欠缺激励因素和动力支撑,缺乏不断更新的动力源泉。

在教学实践中,现行高校激励机制的局限性在一定意义上弱化了教师知识结构优化的紧迫性和积极性。个体行为在某种程度上会受到激励的直接影响,并且与激励形成正比例关系。马斯洛需求层次理论阐明了人类需求的五个层次,该理论强调,只有满足基本需求之后,个人才会追求更高层次的需求,并且逐步实现自我超越。目前,我国有些高校在竞争激励、科研奖励、活动激励、考核激励、信任激励等方面不健全,较大地挫伤了教师投入教学的积极性。特别是一个尺度、一个标准的考核评价体系,不利于青年教师和老教师的教学发展,容易让教师在失望中被迫满足于现实,缺乏拼搏的动力。另外,高校对教师的管理主要分为显性知识和隐性知识两大类。一般情况下,高校很容易对上课时间、地点、学生人数、教材等课堂教学的显性知识实行统一的规定、安排和督查。但目前高校未对隐性知识的发展和改善条件提出有力要求,加上教师个体和群体的隐性知识通常不易采纳语言转移和数字量化的途径,难以对教师个体和群体的隐性知识实行统一的开发和利用。因此,高校在组织教学、考核教师的过程中,隐性知识的要求和考核难以体现,导致教师道德品性建设和知识结构优化缺乏动力。

在教师的专业发展过程中,教师的主体动力起着决定性作用,是教师由"被动"状态转向"主动"状态,提升自身发展动力的关键性因素。但在实际教学实践中,由于激励机制不完善,教师职业的特殊性不能充分发挥应有的作用,教师一直处于不温不火状态,缺乏向上的动力。所谓教师职业的特殊性,是指教师在自我内化各种教育资源的基础上,通过教学实践过程输出给学生,并使学生通过自己的主观能动性形成自己的知识体系和实践技能。在这个内化—输出过程中,教师的知识结构起着非常重要的作用,且有自己的特点。同理,教师职业所带有的道德规范也是教师传授给学生的无形知识,其在潜移默化中影响着学生对职业伦理道德的认知。因此,教师职业的特殊性急切呼吁教师立足时代要求,更新自我的智慧品性和道德品性,以实现更好的教育效果。

3.教材建设滞后性强,缺乏科学性

从教材建设的总体情况来看,党的十八大以来,教材建设及相关问题已成为热点话题。

各级教育行政部门和各高校都为教材更新付出了许多努力,也取得了较好的成绩,但阻碍教材建设时代化和科学化的影响因素仍然存在,主要有以下几点。

一是法律规则的制定具有滞后性。面对社会发展进程中出现的新情况、新问题,"良法"需要与时俱进,不断完善。而"良法"的出台,整个程序十分复杂,既需要立法机关不断进行"立、改、废"的工作,经过立法议案提出、立法审查与列入立法议程、讨论、修改、通过、公布等几个阶段,也需要最高人民法院不停地制定司法解释。由此可看出,"良法"是依据过去发生的事情而不断完善的,并且其从立法议案的提出到公布,中间需要等待一定的时间,即从最开始的立法议案提出到最终的出台存在时间差,具有一定的滞后性。与之类似,教材建设依据的法律规则也具有滞后性。二是教材建设的"整体性"研究滞后。规范教学内容必须以教材为基本依据,德育知识与法学专业理论知识结合不紧密,存在脱节现象,其实质是教材建设的"整体性"缺失。目前我国教材部门及各院校多倾向于针对某一层次或者某一学科甚至是教材建设的某个步骤进行研究,研究的都是一些较为具体的微观问题,而缺乏对宏观整体的把握。三是教材的更新速度与知识增长和发展速度不一致。自党的十八大以来,中央政府就高度重视教材的建设工作,着手设立了国家教材委员会,对教材工作进行综合把控。目前大多数高校都采用纸质版教材,其问世需要经过讨论、编撰、修改、出版等过程。2017年5月3日,习近平总书记考察中国政法大学时明确指出,中国法学教育和法治人才培养要坚持立德树人、德法兼修,培养高素质法治专门人才。随之,教育部高等学校法学类专业教学指导委员会召开全体会议,对我国法学类本科专业核心课程进行改革,"法律职业伦理"的必修课程地位也于2017年6月18日得到正式确定。最后,《普通高等学校法学类本科专业教学质量国家标准》(以下简称《标准》)于2018年1月30日发布,《标准》明确了法律职业伦理应该放置在核心课程体系中。由此,法律职业伦理被全国各大法学院重视,并成为法学专业的学生都必须学习的课程,扎根于法学教育的课程体系。但教材编写人员及其研究人员难以立即进行思维转变,树立以法律职业伦理为核心课程的理念,适时进行教材内容的完善,再加上教材编撰耗时长等影响因素,所以出现了教材建设体系亟待形成的现象。

4.教学"双主体"模式建构失衡,缺乏融洽性

教学"双主体"模式是指教师和学生都是教学中的主体。该模式实现教学目标的方式是,让师生双方处在对等的地位进行交流协作,突出教师和学生间双向互动的平等地位和融洽的教学关系。与之相反,传统的师生关系不是"以学生为中心"就是"以教师为中心",体现了二元对立的思维模式。在"以教师为中心"的师生关系中,教师借知识和经验上的优势处于"主体"地位,对学生进行知识的灌输。在"以学生为中心"的师生关系中,学生是教师所有教学活动的核心,教师围绕学生进行教学安排,使师生关系处于僵化状态。因为师生关系的不平衡建构,教师懒于在"技术路线设计"上下功夫,由此又进一步导致"和谐教学关系"不易建构,让教育效果既失感染力又无亲和力。

红色基因融入法学教育的教学过程其实就是教师和学生就道德和法治进行探讨、内化和践行的过程。教师和学生都是教学过程的主体,在"我—你"的教学关系中进行"对话式"交流,既强调教师的主导性,又重视学生的主体性。正如杜威在《思维与教学》中所说,教师"应该是一个社会集团(儿童与青年的学问的集团)的领导者。他的领导,不以地位,而以他的渊博知识和成熟的经验"①。教师是"双主体"教学模式的首要主体,是教学过程的承担者、组织者和主导者,在教学活动中起着主导和支配作用,即"作为平等者中的首席,教师的作用没有被抛弃,而是得以重新构建,从外在于学生情境转化为与这一情境共存,教师的权威也转入情境之中","教师是内在于情境的领导者,而不是外在的专制者"②。与之对应的主动行为者学生,在教学过程中的主体地位具有阶段性,即学生主体形成过程的阶段性、学生主体参与教学的阶段性、学生主体发挥作用的阶段性。而这一切的实现都需要将"提升学生在教育过程中的积极性、主动性、参与性,让学生主动地投入教学之中"作为先决条件,即体现了"技术路线设计"和"和谐教学关系"建构的必要性。然而,在教学过程中,由于教学"双主体"模式建构的失衡,教师和学生之间不是"我—你"的"对话式"交流,即教学语言的感染力和魅力随之消失,师生之间的亲密度减值,教学效果大打折扣。

(二)受教育者的内化度对红色基因融入法学教育的影响

1.个体认知的有限,理性认知的缺位

个体的自我认知是个体对自身生存、发展和价值的自我意识,是个体主体自觉的表现,在个体的人生发展历程中具有重要的定位和指向作用。正处于身心成长时期的大学生,"他们在向成熟发展,因此朝气蓬勃,积极向上,富于理想;他们又未达到成熟,因此缺乏知识和经验,辨别能力比较差"③,是非判断较为模糊,思想行为方式较为不成熟,自我意识水平不高,无法对自身与社会的关系、自身所处的地位以及所担任的角色作出准确的判断。在角色定位不清晰时,大学生更倾向于从自身出发,注重与自己实际利益关系密切的理想目标的实现,在构建个人理想的过程中无法将社会理想融入其中,并在一定程度上无法理解个人理想

---

① 杜威.思维与教学[M].孟宪承,俞庆棠,译.上海:华东师范大学出版社,2010:148.
② 小威廉姆·E.多尔.后现代课程观[M].王红宇,译.北京:教育科学出版社,2000:209.
③ 黄志坚.青年学新论[M].北京:中国青年出版社,2004:54.

与社会理想的辩证关系。与此同时,作为时代新人,部分大学生无法正确认识自身肩负的使命,缺少应有的主人公态度。

从心理学角度看,大学生的思维、情感经常处于快速变化之中,他们思维活跃、心理需求复杂多样,社会的急剧变化使他们迷茫,不知如何更好地实现自己的人生价值,从而表现出无所适从的慌乱状态。一次、两次的理想落空更容易加剧他们的心理负担,使其逐渐淡化理想信念,失去理想信念的精神支撑。从社会角度看,大学生的个体社会化还需加强。大学生处于生理发展和心理素质还不成熟的阶段,喜欢从感性认识出发理解社会,认识问题、分析问题和解决问题的能力还处于感性阶段,对社会制度、社会规范等一切客观事物缺乏理性思辨和分析判断能力,对个人与社会、理想与现实无法进行清晰的思考。再加上缺乏磨炼、生活阅历少、视野局限,大学生难以全面认识个人梦和国家梦的关系,难以对国家梦产生共鸣。根据社会认知理论,个体认知与个体行为是因果关系,个体认知影响乃至决定个体行为的发生。个体认知包含结果预期和自我效能两个方面,其中结果预期是个体对某一特定行为执行后可能产生的结果的一种判断,自我效能是个体对执行某一特定行为的自我能力的一种判断。对本身角色定位不清、处于感性认知阶段的大学生而言,其理论基础不牢,难以实现行为的外化,更不用说达到结果预期和自我效能的认知的精准化。

2.知识社会的竞争,自我反思乏力

市场经济中人人追求自身利益最大化,在激烈的竞争中优胜劣汰,促进生产效率极大增加,对经济发展和社会进步起到了很好的推动作用。与此同时,市场经济发展的另一结果是以交换为核心的"市场逻辑"在各领域的泛化。"市场逻辑"的要素之一是"交换",即用自己拥有的或掌握的"资源",获得其他想要的"资源",而在这个交换过程中,有所得就要有所失。由此,人们的思维方式也被打上了功利主义的烙印,其道德标准、对社会与个人前途的期望随之发生巨大的变化。"物化式的生存状态与精神的贫乏空虚成为时下一种普遍的社会现象。"[①]"在市场经济条件下形成的物性化的人的关系,体现在伦理精神方面,就是人的功利意识、功利观念成为一种具有普遍社会意义的社会意识和观念。"[②]在宏观上,人的关系的物性化助长经济价值对社会价值的"殖民";在微观上,人的关系的物性化使功利主义影响着主体的无意识感知。随着社会主义市场经济体制的建立,市场经济的功利性和竞争性特征驱动人们改变原有的生活方式。其中,快马加鞭式的生活节奏成为人们日常生活中的常态,物化追求成为突出的社会现象。对大学生的学习而言,这种功利主义首先就体现在学习

---

① 罗富宴,王贵明.当代中国人精神生活的现状及其应对:从马克思物化视角分析[J].探索,2014(6):189-192,F0003.

② 龚群.论市场经济的伦理特性[J].中国青年政治学院学报,1998(2):74-78.

动机的选择上。有些大学生想通过学习改变自身命运,在开放、竞争的环境中逐渐丧失自身学习应有的主动性,被功利心奴化,唯分数是举、唯就业是举,追求学习的"有限目的"。

19世纪初,科学家拉普拉斯就谈过"人的意识系统与视觉系统相同,两者都会有幻象产生和存在,……需要对它进行不断的修正"。在市场经济条件下产生的社会不正之风充斥着大学生的脑海,不断削弱其反思能力的形成。以平等交换、自由竞争为本质的市场经济以其开放性特征蒙蔽了大学生的双眼,混乱了他们的无意识感知,加剧了思想观念的碰撞和冲突。在优胜劣汰的生存法则面前,有些大学生不断提高自身效率,以期实现利润最大化,急功近利,违背了学习的初衷,曲解了学习的本意,甚至忘记了自己的初衷。

3.多元社会思潮的侵蚀,主流价值弱化

社会思潮是社会意识的综合表现形式,是一种复杂的精神文化现象。青年是社会思潮的重要建构力量,社会思潮是青年自我建构的思想基础,两者相互影响。随着经济社会的发展和全球化趋势的不断深入,我国社会思想观念和价值取向日趋活跃,多样化的社会思潮夹杂着一些不良思潮,表现出极大的吞噬力,侵蚀着青年世界观、人生观和价值观的正确形成。

每一种社会思潮都以其特有的价值立场为基点,用各不相同的表现形态表达其利益倾向与价值观念,迷惑处于世界观和价值观形成关键时期的大学生。在认知层面,模糊青年的价值认知。某种意义上,社会思潮中蕴含着一定阶级和阶层的观念和看法,其在本质上是一种意识形态,善于、乐于、勇于接受新鲜事物的当代大学生正是其重点关注对象。不良社会思潮也以大学生为对象,混淆其还未成熟、稳定的价值认知,使之欠缺准确判断和理性剖析,产生思想困惑,进而模糊其对主流价值的认知,取代其已有的价值观。在情感认同层面,降低大学生对主流价值的情感认同。以"分化"和"西化"为主导的思潮具有非强制性和潜移默化的表现形式,极易俘获大学生的好感,引发心理共鸣。一些社会思潮喜欢用平民化的方式宣扬自己的价值立场,以其特有的隐蔽性、渗透性争夺话语权,动摇大学生的价值认知,使大学生对价值观选择产生困惑。在无意识中受之影响的大学生,逐渐失去思想防线,对社会主流意识形态产生不信任感,从而极易弱化主流价值观念,降低对主流价值的情感认同。在外化于行的实践层面,加剧大学生的行为失范。受历史虚无主义思潮、实用主义思潮、消费主义思潮等不良思潮的冲击,大学生原有的价值目标和行为方式体系有所瓦解,代之而生一些形形色色的价值目标和行为方式。缺乏社会经验和理性认知的大学生,常出现思想的困惑和行为的莽撞,形成病态的"消费主义"和"颓废主义"。甚至在极端情况下,大学生容易失去理智,把"武器的批判"变成"批判的武器",致使自我行为失衡失范,触碰道德和法律的红线。

(三)教育媒介的传达性对红色基因融入法学教育的影响

1.教育方法感染性不突出弱化教育效果

作为教师和学生之间的中介要素,教育方法是"教师和学生在教育过程中为达到一定的教育目的所采用的思想方法和工作方法"①。教学方法运用得好,有利于增强学生对教育内容的理解和接受,达到事半功倍的教育效果;教育方法如若运用得不好,将会拉大教师和学生间的距离,一定程度上降低学生对教育内容的吸收,甚至增强学生的厌烦心理和抵抗情绪,引起其对教育内容的排斥,进而影响教育目的的实现。随着时代的发展,教育内容的复杂化和多元化对教学方法的生动性、感染性和体验性提出了更高的要求。"毫无疑问,在传统社会中,由于社会的封闭性、信息渠道的单一性,讲授式教学方法曾经发挥了重要作用。"②但是面对新时代、新境遇,我们也要重新考虑传统教学方法的适用性,这种自上而下的理论灌输是教师单向地、生硬地向学生传递教育内容,其感染力不强,忽视了学生在学习过程中的互动性和参与性,不能很好地调动学生学习的积极性和主动性,进而影响教育效果的达成。

诚如何志鹏教授在论述卓越法治人才培养的教学方法时曾指出的,"必须让学生有实战的经验,在实际参加判案过程不可能的情况下,模拟法庭、诊所教育仍然是非常重要的而且被实践证明为成功的方法"③。也就是说,在一定意义上,身体的认知或者"体知"能有效帮助学生掌握教育内容,这种富有参与性和体验感、能让学生在切身体验和实践操作中理解教育内容的实践教学法不失为一种可取的教学方法。换言之,理论灌输的教学方法有其存在的合理性,但是对于实践属性较强的高素质法治人才的培育而言,其在调动学生学习积极性和主动性、对教学内容的传达和反馈等方面发挥的力度有限,无法与教学实践的发展相呼应以引起有效的"学",达到最好的教学效果,如在本次调查中,法科生认为目前学校在通识课、专业课关于红色基因的教学方面存在的首要问题是"多为理论灌输,切身体验感不强",而他们最喜欢的教育方式是社会实践(如参观红色景点,参与志愿者活动、普法活动等)。因此,从某种程度上可以说,采用的教育方法的感染性不突出,影响了教学效果的达成。

---

① 郑永廷.思想政治教育学原理[M].北京:高等教育出版社,2016:244.
② 郭凤志.关于高校思想政治理论课教学方法改革的思考[J].思想理论教育,2015(1):69-72.
③ 何志鹏.卓越法治人才培养的实践解读[J].中国大学教学,2019(6):32.

2.教育内容结构设置不完善消解教化力度

作为教育实践的重要构成要件,教育内容的选择及其结构设置直接关系着教师的"教"和学生的"学",其内容选择的辐射度、涵盖面和结构设置的层次性、逻辑性对预期教育效果的实现都有很大的影响。审视目前红色基因融入法学教育的过程,除了内容选择不当的问题外,结构设置也是其需要改进的地方之一。

一是教学内容未有效分层分类,其结构的层次性不凸显。在不同时期,教育内容在保持整体稳定的基础上会结合当下时事热点问题,体现出时代特征,使得其侧重点有所不同。但即便如此,教育内容的发展方向还是一致的,其内在本质和精髓也都是一样的。只要教师将其分层分类,在教学实践中以结构化的思维进行梳理和处理后再传授给学生,一样能做到教育内容间的环环相扣,达到同等的教育效果;但如若教师完全机械地依据当时的教育热点、重点进行传授,而忽视教育内容间的逻辑性和衔接性,则会造成教育内容处于分散凌乱的状态。这不仅不利于教师把教学内容讲深讲透,还会模糊学生的认知,不利于学生对教育内容的系统化、体系化掌握,最终使教学内容在表面上呈现出阶段化选择甚至是断层现象。

二是教育内容的点面结合把握不力,其结构的全面性尚需强化。教育内容结构的全面性含有教育内容系统、详略得当、重点突出之意。因此,在红色基因融入法学教育的教学实践过程中,教师理应树立大局意识和核心意识,既抓好红色基因融入法学教育的教学内容的整体性,也突出强调教学内容中的各个重点,以此保证教学内容传递的全面性。如在推动红色基因融入法学教育的过程中,不可否认理想信念教育、爱国主义教育、主题教育和党性教育等教育活动各自发挥的作用,但也要承认本身价值取向、教育目的等要素一致的它们是一个相关联的整体,都是在提高法科生思想道德修养、职业伦理规范和综合素质这个面上凝聚的点。教师若割裂它们之间的联系,强调单独使用,则会缩小教学内容的覆盖面,弱化教学内容的交叉性和综合性,进而影响学生的深度学习。

3.教育载体运用不力影响应有功能的发挥

作为联系教育主客体的桥梁,教育载体贯穿教育活动的全过程,对发挥教育各要素作用具有重要作用。因此,教育载体的开发、选择和运用是教育效果达成的重要环节,其中任何一个环节出错都会直接影响载体功能的发挥。从理论上讲,形式多样的教育载体只要运用得当,理应可以实现载体的育人合力。纵观红色基因融入法学教育的教育载体,其富有多种形式,即表明教育载体的开发环节没有问题。换言之,红色基因融入法学教育的教育载体出现问题,其原因分析的侧重点应该放在教育载体的运用上。

一是教育载体的开发速度与使用效度不统一影响载体应有功能的发挥。随着时代的发展,教育载体在发展过程中不断拓展、创新,其形式、范围呈现出不断增加的趋势,具有多元化、广元性等特征。教育载体的开发只是教育载体发展链条上的一个环节或一个组成部分,并不意味着发展过程的终结。换言之,开发出来的教育载体只有得到充分利用,才算是本真存在,富有价值,否则其只是被开发出来的摆设品,并不能有效助推教育载体的发展。因此,教育载体的发展包括"量"和"质"两个方面,只有两者协调统一、保持一致,才能让教育载体实起来、活起来,发挥应有作用。然而,纵观红色基因融入法学教育的教学实践,教育载体在发展速度上确实赋能了,有思想政治理论课平台、校园文化平台、网络教育平台、社会实践平台等教学载体,但是各个载体的应用不管是纵向深化还是横向连接都存在明显短板,并未展现出应有的发展姿态。最后,教学载体"量"的发展和"质"的提高间的矛盾制约教育载体功能的发挥,进而影响教学效果的实现。

二是教育载体的显性教育功能和隐性教育功能的发挥不统一影响载体应有功能的发挥。教育载体依据表现形态划分为显性教育载体和隐性教育载体。在教育实践中,教师常因显性教育载体的教育方式直接化、教育目标明确化、教育效果显著化而重视如课程载体、实践载体等显性教育载体的运用,忽视如文化载体等隐性教育载体的运用,进而使教育载体陷入单一化而非综合化、合力化运用的困境,不能在二者功能合力的基础上实现载体耦合功能的最大化。红色基因融入法学教育,其中红色基因具有的思想道德教育功能除了运用"正式讲授""正面灌输"等比较直接的显性教育载体进行讲授实现外,还需要运用隐性教育载体进行感召和润化,以实现教育内容对法科生的全面渗透。与此同时,红色基因融入法学教育的教学目的就是提高法科生的德性和思想政治素质,而这一教学目的的实现不是仅靠灌输、讲授等"硬性教育"就能实现的,还需要在日常学习和生活中进行潜移默化的感染和熏陶。因此,可以说,教育载体的隐性功能对学生所起的"润物细无声"的教化作用甚微在一定程度上影响了教育载体整体功能的发挥,进而外在呈现出散漫的特点,缺乏综合性。

(四)教育实践的开展力度对红色基因融入法学教育的影响

1.全面发展的育人理念落实不够影响教学安排的平衡构建

作为教学工作开展的依据,教学安排是推动教学实践顺利开展、取得良好教育效果的重要支撑。审视当前红色基因融入法学教育的教学安排,其在理论与实践方面出现的问题实则是德智体美劳全面发展的育人理念还未走深走实,还未扎根于教学实践,使教学安排的整体构建未体现出德育、智育、体育、美育和劳育的价值,欠缺一定的合理性。

立足时代发展要求,当前的教育目标是培养德智体美劳全面发展的社会主义建设者和接班人。具体在法治人才的培养上,则是培养德法兼修的高素质法治人才。因此,为达到良好的教学效果,教师应对教学实践进行统筹安排,既注重理论教学的育人价值,也发挥实践教学的育人功能。然而纵观当前德智体美劳全面发展的育人理念的贯彻落实,我们发现教师并未有效对标予以落实,仍然存在重智育、抓分数,而忽视实践的现象,使课程教学顺序、课程比例等教学安排未能达到协调平衡的状态。与此同时,"劳心者治人,劳力者治于人""分数论英雄"等落后观念至今仍旧深刻地影响着许多人,包括教师。久而久之,这种重视脑力劳动、轻视体力劳动的观念在教学实践中就逐渐演化为"重理论、轻实践"的教学观念,教师着重追求学生的智育发展,进而使整个教学过程具有"离身化"的倾向,造成实践在教育过程中"空场",即实践教学在一定程度上没有获得和理论教学同等的育人地位。因此,在这种观念的影响下,红色基因融入法学教育的教学实践过程就易在学分、课时量等各方面呈现出不均衡安排,甚至是在不同课程的安排上,教学规模表现出可变性。

2.教育质量评定体系与教学实际发展需求的契合性不强

"教学评价是根据一定的教育目标和标准,通过系统地收集信息、科学地分析信息,同时针对高等教育适应社会需要的程度而做出价值判断,以此为依据改造教学流程、提高教学效果"[①],即为更好地实现教学评价的总体目标,以保证并推动教学实践的正常开展,促进教学水平的提高,教育质量评定体系在坚守传统评价指标的同时,也要与时俱进,不断拓展创新,以满足教学实际发展需求,实现与教学发展的同频共振。针对教育评价体系的构建,林梦泉、任超、陈燕、吕睿鑫等曾指出,"将评价理念、体系建构、方法创新'三个维度'系统谋划,才能更好地实现评价的总体目标,破解教育评价的关键问题,而这个顶层和系统性谋划往往被评价组织者忽略"[②]。因此,细究红色基因融入法学教育的教学质量出现的问题发现,教育质量不能很好地予以量化的背后是教育质量评定体系没有回答好"评价什么""如何评"等问题,评价理念、体系建构、方法创新"三个维度"的系统性谋划被忽视,与教学实际发展需求的吻合度不高、契合性不强。

一是在评价理念上受传统教学评价指标的制约,评价导向缺乏针对性。传统教学评价讲究"量化测评",注重教学质量的可测量性,强调通过一系列易感易见的量化指标对教学质量进行评定,从而得出标识教学质量水平的测评结果,如常用的评定方式——考试。然而随着教育内容的多样化和教育实践的复杂化,这种数量化测评取向的局限性逐渐显露,其没有

① 谢潇潇,李辉.研究型大学教学质量监控体系构建研究[J].黑龙江高教研究,2013(6):41-43.
② 林梦泉,任超,陈燕,等.破解教育评价难题探索"融合评价"新方法[J].学位与研究生教育,2019(12):1-6.

考虑到一些非量化或难以测量的教育内容,评定结果不能全面反映教育质量的高低,这种测评已不能满足当前对教育质量评定的要求。如大学生道德素养和人格品德养成的情况是如何通过长期的观测予以评定的,其中包括许多不可测量或难以测量的内容,不是简单的"指标—量化"就能完全解决的。因此,运用这种评价理念导向下的评价体系对红色基因融入法学教育的教育质量进行评测,在表面上不免呈现出教育质量欠缺可测性的现象。二是在方法应用上刻板化,缺乏灵活性、创新性。传统教学评价指标是我国教育发展的产物,在当时教育发展阶段中能有效评价教育质量水平,引领教育实践的发展。随着时代的发展,教育内容日益多元化,教育实践也愈加复杂化,相应的教育质量评定体系也应更加多样化,与之保持吻合。然而评定红色基因融入法学教育的教育质量的检测方法却稍显单一,在一定程度上制约了教育评价功能的发挥。如针对培养德法兼修、高素质的法治人才的教育实践,教育评价者未紧密结合教育发展的时代境遇,转换评价思维模式,创新评价方式,仍刻板地运用量化测评法,使教育质量欠缺可测性。再者,这种固守传统教育评价理念、刻板应用评价方式的做法妨碍了教育评价体系的科学化构建,进而使教育发展失去了有效支撑。

第六章　红色基因融入法学教育的对策建议

根据"2.0 意见"相关要求可知,新时代卓越法治人才的培养凸显了法治人才的品性养成,强调要德法兼修,抓好法科生的德性教育,培养高素质的法治人才。因此,为使红色基因教育与法学教育同频共振、同向同行,进一步深化法学教育和红色基因教育的内涵式发展,共同培育好德法兼备的社会主义建设者和接班人,我们需要从教师、学生、教育媒介和教育实践等方面着手,发挥教师的主导作用,激活学生的学习动力,强化教育媒介的促进作用,切实有效地推进红色基因融入法学教育的实践。

一、发挥教师的主导作用,强化导向

(一)明确教育定位,找准人才培养方向

教育是国家大计,也是民生之基。立德树人作为教育的精髓所在,是我国高等教育的立身之本。党的十九大报告明确提出了"要全面贯彻党的教育方针,落实立德树人根本任务"的要求。作为高等教育人才培养的指向、中国特色社会主义教育的本质核心,立德树人回答了"培养什么人"的教育首要问题。因此,针对目前有些教师对立德树人认识维度不足、践行维度不够的问题,明确教育的政治方向和时代定位、树立正确教育价值观和阐明立德树人所蕴含的深刻含义具有重要的现实意义。

习近平总书记在全国教育大会上指出:"我国是中国共产党领导的社会主义国家,这就决定了我们的教育必须把培养社会主义建设者和接班人作为根本任务,培养一代又一代拥护中国共产党领导和我国社会主义制度、立志为中国特色社会主义奋斗终身的有用人才。"[①]习近平总书记的这一论述,表明了我国教育的初心和使命以及我国教育的根本

---

① 张烁.习近平在全国教育大会上强调 坚持中国特色社会主义教育发展道路 培养德智体美劳全面发展的社会主义建设者和接班人[J].北京青年工作研究,2018(9):17-19.

指向。"这是教育工作的根本任务,也是教育现代化的方向目标。"①在教学全过程中,法学教育教师要找准人才培养方向,做到以文化人、以德育人,在教育过程中不断对学生思想水平、政治觉悟、道德品质、文化素养等各个方面进行培养,使学生得到质的提升。抓好"培养什么人"的问题,以此保证办学方向。要坚定学生的中国特色社会主义道路自信、理论自信、制度自信和文化自信,就要教师发挥自身的模范带头作用。另外,作为高校人才培养主力的教师,要坚定自身的政治立场不动摇、坚持自身的政治方向不迷茫,并且要与以习近平同志为核心的党中央保持高度一致,培养德智体美劳全面发展的社会主义接班人。

与此同时,要把立德树人融入各个环节,贯穿教育各领域。教育以育人为根本目的,育人则以德为先。教师只有深刻领悟"德"的内涵,深度把握"德"的要求,使自身对"德"的理解符合社会对社会主义建设者和接班人的素质要求,才能在教学实践中实现"树人",并针对"培育什么人、怎样培育人、为谁培育人"这一教育的根本问题给出自己的答案。因此,教师需要站在新时代的历史坐标上,辨清"立德树人"和"立才树人"的异同,从而更准确地理解立德树人的真正本质与深刻内涵。"立德树人"和"立才树人"的区别在于二者侧重点不同,"立德树人"的重点是对学生进行德育,而"立才树人"的重点是对其进行智育。教育的根本目的和客观规律决定了立德树人是教师的首要任务。具体来看,教师一要立志将培养德才兼备的高素养人才放在育人第一位,先培育学生的德育,做好育人工作。二是同抓德育和智育,自觉寓德育于智育中,使育人与教学内容、教学过程相互结合、相互渗透。其次,在育人体系上要树立知识传授和价值引领协同发展的教育理念,把知识教育和价值观教育有机结合起来,坚持知识传授与价值导向相结合,完成教育目标的整体化,也就是将学问目标、才能目标、价值观目标等多种目标进行有机结合,培养"四有青年"。育人的根本在于立德。在课堂教学上,教师要明白学生掌握了政治理论知识并不等于具备了良好的道德修养和精神涵养,即教师"要坚持价值性和知识性相统一,寓价值观引导于知识传授之中"②,既要传递给学生道德知识,也要培育学生的道德素养,不断提高学生的道德水准,促使其自觉养成良好的道德品行。

————————

　　①　张烁.习近平在全国教育大会上强调 坚持中国特色社会主义教育发展道路 培养德智体美劳全面发展的社会主义建设者和接班人[J].北京青年工作研究,2018(9):17-19.
　　②　张烁.习近平:用新时代中国特色社会主义思想铸魂育人 贯彻党的教育方针落实立德树人根本任务[N].人民日报,2019-03-19(1).

（二）清晰教学理念，树立正确教学导向

教学的开展方向由教学理念来引导，教学理念是对教学活动认识的集中体现，是对教育活动所持有的看法和基本态度。教师作为教学的重要主体，其教学活动也是在一定教学理念的导向下进行的。随着时代的发展，法学教师若依然秉持成绩为先、分数为重的观念，那么在开展教学活动时就必然会以知识传授为主，忽视对学生价值理性的培育，进而影响立德树人根本任务的落实和高素质法治人才的培养。因此，教师一方面应立足时代要求，不断更新教学理念，在逐步清晰教学理念的过程中为教学的开展提供思想保障；另一方面也要将教学理念融入教学全过程，使教学理念在认知和行为上统一。

诚如苏霍姆林斯基所言，"无论课堂上所学的教材具有多么充实的道德思想和政治思想，但学生在掌握知识的过程中总是把认知的目的放在第一位，知道它、学会它、记熟它，而且教师也会全力以赴地追求这一点。这个目的越是被置于首先地位，它就越是有力量地占据了学生的内在力量，而思想也就越来越远地退居次要地位，从而把知识转化为信念的有效系数就越来越低。"[①]面对教师在教学理念价值取向上工具理性突出的问题，教师首先要明确当前法学教育是要培育德才兼备的高素质法治人才，具有功利性、知识化特点的工具理性价值取向忽视了学生思想品德发展的现实性和递进性，不了解培养学生理性思考、冷静判断以及果断抉择能力等多种能力的重要性，理应予以抛弃。其次，教师应辩证全面地看待工具理性和价值理性，找到二者的平衡点，实现二者的"和解"。如果教育萎缩为职业的附属和工具，追求学生知识层面的获得，而忽视其精神层面的满足，那么教育将失去之所以为教育的本质，成为一种失败的教育。法学院校的设立不仅是向学生传授"法律是什么"，组织学生学习僵硬的法律条文，更是让学生明白"法律应该是什么"，夯实法科生的人文素养。法律既包括知识性的法律条文，也包括思想性的法律精神。因此，法学教育在向学生传递法律知识的同时，也要注重对法的精神的解读，关注学生的思想修养、人格塑造。在实际教学中，对工具理性和价值理性教育理念的选择，其并非只能择其一。为进一步推动教育的发展，"我们不排斥法律职业教育，但需要超越法律职业教育，要以打造健全的法律人格为内核，以法律思维的生成为手段，构建起集伦理、知识、思维、技能于一体的法律教育体系，从而培养出适合新时代法治需求的有公共道德和公共精神的高素质的社会主义法治人才"。[②]

① 傅统先,张文郁.教育哲学[M].济南:山东教育出版社,1986:169.
② 冯果.论新时代法学教育的公共精神向度[J].中国大学教学,2018(10):54-58,82.

另外,清晰的教学理念只有融入教学全过程,将育人和育才统一于人才培养全过程,做到"时时育人""处处育人",才能真正作为教学导向,发挥引领作用。党的十九届四中全会通过的《中共中央关于坚持和完善中国特色社会主义制度、推进国家治理体系和治理能力现代化若干重大问题的决定》强调:"加强和改进学校思想政治教育,建立全员、全程、全方位育人体制机制。"①其中"全员"将学生思想政治工作专门队伍、教学科研和管理服务人员、学生群体自身等各类高校教育主体囊括在内;"全程"将学校教育教学的全过程、学生在校期间成长成才的全过程等高校育人的完整过程囊括在内;"全方位"将课内课外、线上线下、校内校外等各空间和场域的高校育人途径和载体囊括在内。高校要借鉴"三全育人"的教育方式,将教学理念融入教育教学各环节、人才培养各方面,保证教师知与行的统一,自觉担负起"塑造灵魂、塑造生命、塑造新人"的育人使命,为新时代法治中国建设提供坚实有力的人才智力保障。同时,"人才培养一定是育人和育才相统一的过程,而育人是本。人无德不立,育人的根本在于立德"②。从马克思主义哲学视角来看,育人和育才是互相联系和促进的,二者辩证统一于人才培养的全过程。对此,高校在教学全过程要做到育才也育人,培养德智体美劳全面发展的法治人才。

(三)优化教师知识结构,夯实师资基础

在新时代背景下,法学教育肩负着为推进国家治理体系和治理能力现代化培养法治人才资源的光荣使命,这对教师队伍建设提出了更高要求。要提升教师队伍建设质量,必须加强教师能力素质的培养,尤其应当重视夯实知识功底,因为"扎实的知识功底、过硬的教学能力、勤勉的教学态度、科学的教学方法是老师的基本素质,其中知识是根本基础"③。正如"强德能,加强法学师资队伍建设"是"2.0意见"中改革任务和重点举措的内容之一一样,扎实的知识功底既指拥有深厚的知识储备,又指拥有良好的道德素养,它是知识品性和道德品性的统一。对此,夯实师资基础应从激发教师内生动力出发,从外在的激励体制和教师的知识品性、道德品性两个方面着手。

激励机制是一剂良药,既能极大地降低教师的职业倦怠感,又能够最大限度地调动教师参与学生教育的积极性,促进教师主动地完善自我、发展自我。在教师的专业化发展中,学

---

① 中共中央关于坚持和完善中国特色社会主义制度推进国家治理体系和治理能力现代化若干重大问题的决定[M].北京:人民出版社,2019:23.
② 习近平在北京大学师生座谈会上的讲话[N].人民日报,2018-05-03(2).
③ 习近平:做党和人民满意的好老师[N].人民日报,2014-09-10(2).

校可以从科研、活动、考核等多个方面综合创建人才激励机制,为教师的发展保驾护航,提供一定的发展条件。首先,在薪资待遇方面加大激励措施。建立合理的薪酬机制可以有效满足教师的生理需要,既解决教师的后顾之忧,保证教师全身心地投入,又能激发教师自身的内在驱动力,促进教师自觉保持教学的激情和张力,实现教学能力的自主成长。对此,学校应从绩效评定、职称晋升、教学奖励等方面设定激励机制,激励教师专心从事教学与科研工作。其次,在教师评价体系方面,学校应该采用多样化的考评方式。就评价过程而言,高校可以尝试实施教师跟踪评价机制,将教师的常态评价与自我评价相结合,同步开展教师的自评和学校评议,避免单一的"重科研轻教学"或"重结果轻过程"的评价方式,在更加多面化、客观化中获得教师的综合评价。就评价体系而言,高校一要完善教师分类管理和分类评价机制,避免"千人一面"的评价模式。如针对青年教师和老教师在教学知识、教学经验、教学方式和教学态度等方面的差异,高校可采取分类评价,既避免出现不公平现象,又利用竞争机制激发青年教师和老教师各自的教学动力。二要注重评价体系对显性知识和隐性知识的权重比例,加大对师德的考评力度。比如建立对师德的考核评价制度,建立从具体工作要求到考核评价机制,再到奖惩机制的完整工作体系,将师德建设覆盖教学全过程,并纳入制度化、规范化的轨道。

与此同时,在新时代的教师专业发展过程中,道德品性与智慧品性不仅关系到教师的能力素养和职业发展,也影响着教师的健康成长。针对教师过分关注专业知识、忽视道德品性的问题,教师应深度融合知识品性与道德品性,在专业知识的建构和道德智慧的润化中促进自我知识结构的优化,从而更好地向学生传播知识,塑造其思想品德。具备精深的专业知识是教师站稳讲台的基础,掌握深厚的专业知识是确保教学内容科学合理的前提。在知识品性的优化上,教师理应与时俱进,顺应时代要求,在投入中夯实基础。新时代要做好学问之师,教师应抱着终身学习的观念,重视自身专业能力的提升。如时刻关注最新的专业动态,并与本专业的其他教师进行沟通交流,汲取知识养分;乐于投入大量的时间和精力,备好课,上好课,提高教学质量;敢于突破自我,在多学科领域夯实基础。同时,一堂好课应该是能让学生思维灵动的课,也应该是一堂借助专业知识传授引领学生价值教育的课。"师德兴则教育兴,教育兴则民族兴。"教师应把立德树人融入教育教学、社会实践、专业发展各个环节,努力做到以德立身、以德立学、以德施教,在道德品性的培育中促进自身成长。教师的道德品性有大有小,其中坚守马克思主义信仰是其最大的"德"。教师作为青少年思想的引路人和信仰铸造者,承担着引导青少年"扣好人生第一粒扣子"的重要责任,其一言一行都会影响学生。对此,一是无论是思政课教师还是专业课教师,都要增强自身的德育使命感,站在"思想和专业上"双重培养人的战略高度,用习近平新时代中国特色社会主义思想武装自己的头脑,传承好红色基因,为学生的成长成才筑就思想支撑。二是不断以思想政治教育的高标准严格要求自己,养德修身,以身作则,为学生做好表率。如以《高等学校教师职业道德规范》的要求为底线,恪守学术规范,做有端正态度的学者。另外,教师应当激发主体的自我意识和人格意识,实现德性的主动式内化,"明确自身在社会关系中的定位,进而确立自己的道德理想,奠定人生目标与规划的基础"①,不断扩充自身的智慧品性,并在道德品性的观照下,实现道德品性与知识品性的统一。

(四)立足时代要求,充实教材内容

教书重在育人,育人重在教材。教材是立德树人的重要依托,是教学中更是向学生传道授业的材料依据。教材通过预设的内容来决定教学的具体和大致进程。对于德法共育的教学推进而言,教材中展示的道德和法治内容影响着实践中道德教育和法治教育的具体实施与开展。目前,为了适应新时代法治人才培养的相关新需求,教材改革还必须立足时代要求,创新教材编写、推广、使用方式,推出更多高水平的德法共育教材。

教材是培养国民素质的重要工具,其质量的好坏直接关系着人才培养质量的高低。在新时代的教育背景下,教材建设的站位要高。一方面,我们要树立科学的教材建设价值理念,在抓好顶层设计的同时把握好教材改革的方向。我们可以考虑设置与"十四五"规划纲要相呼应的教材修订日程,让教材契合时代的需要。"2.0 意见"指出,新时代卓越法治人才教育培养计划的思路是坚持以马克思主义法学思想和中国特色社会主义法治理论为指导,围绕建设社会主义法治国家的需要,坚持立德树人、德法兼修,培养高素质法治人才。换言之,新时代的法治人才培养要将立德树人作为导向,为培养出德智体美劳全面发展的社会主义建设者和接班人奠定基础。因此,法学教材的编写也应将此作为改革的价值理念,按照国家的教材质量要求定期进行修订,将德育和法育的内容有机地融入法学专业的各类教材,加强教材德治和法治内容的联系,切实保障教材建设为德法共育服务。比如在"思想道德修养和法律基础"法律板块的教材建设上,以思想、道德和法治三大板块最密切相关的基本法律观点为着力点,引用相关法条和法理,进行有说服力的论述,从而切实加强思想、道德和法治三大板块的联系。

---

① 李力,金昕.新时代高校立德树人的内涵、难点及实现路径[J].东北师大学报(哲学社会科学版),2019(2):149-154.

另一方面,在教育信息化的时代境遇中,结合现代信息技术的网络化教学形式是教育适应时代发展的必要选择。我们要充分运用信息技术,实行"人工智能+教育"的教学形式,尝试用技术手段丰富教材形式、拓展教材空间,在"纸质教材"和"数字教材"的融合发展中克服教材建设的滞后和不成体系的问题,推动我国的教材发展跨上新的台阶。比如目前一些书籍、课外辅导书的"教材+二维码"方式值得在教材建设中进行推广。通过扫描课本中的二维码,一是可以将教材中的文字用视听结合的方式呈现,让学生的学习更生动,利于理解和吸收;二是进行知识点的链接,将相似、易混淆的知识点进行归纳,帮助学生既有整体知识点框架,又能在整体中把握个体知识内容,更好地进行辨别和掌握;三是进行时事热点、党政方针等内容的补充,既弥补教材建设缺乏时效性的问题,又拓展学生的理论知识,锻炼学生的思维能力和分析能力。这种吸纳数字前沿技术的教材编写方式,既节约了成本,又丰富了教材的形式和容量,实现了教材的增值,让学生超越时空的阻隔,实现在任何时间、任何地点想学就能学。

(五)改善表达方式,建立新型师生关系

"师生关系是教育领域中一对最基本最重要的关系。"①教师的教书育人、学生的学习成长等一系列教学活动都是依托师生关系进行的。习近平总书记在学校思想政治理论课教师座谈会上指出,"推动思想政治理论课改革创新,要不断增强思政课思想性、理论性和亲和力、针对性。要坚持政治性和学理性相统一,价值性和知识性相统一,建设性和批判性相统一,理论性和实践性相统一,统一性和多样性相统一,主导性和主体性相统一,灌输性和启发性相统一,显性教育和隐性教育相统一"②。作为同样承担教书育人使命、培育社会主义接班人的法学教育,在融合红色基因的创新教学模式中也需要坚持主导性和主体性相统一,构建以教师为主导、以学生为主体的教学模式,在新型师生关系中完成立德树人的教育任务。"从马克思主义哲学的角度看,教育任务的完成,必须依赖教育者和受教育者交往中的矛盾所引发的斗争与同一,从而使教育实现从量变到质变的发展,实现交往的人际关系和谐与教育高效率。"③因此,为更好地完成红色基因融入法学教育的教学任务,需从"技术路线设计""和谐教学关系"这两个影响师生和谐教学关系的根源着手,实现师生双方动态协调平衡健

---

① 邵晓枫.十年来我国师生关系观述评[J].教育学报,2007(5):13-19.
② 张烁.习近平:用新时代中国特色社会主义思想铸魂育人 贯彻党的教育方针落实立德树人根本任务[N].人民日报,2019-03-19(1).
③ 曹迎.论大学生思想政治教育中交往策略的运用[J].玉林师范学院学报,2007(4):129-132.

康发展。

在"技术路线设计"上，作为主导地位的教师要重视学生的主体性，首先就要改善自身的教学表达方式。语言是思维的外壳，是传递信息、交流思想、沟通情感的工具。在运用语言时，教师始终要关注学生的心理状态和情感体验，尊重学生的思想及行为方式，增强教学语言的感染力和吸引力，以此促进师生之间信息的有效传输，话语交流效果的有力提升。在教学实践中，教师要融入人文关怀和情感元素，把有理的话语带着感情来讲，让红色基因对接法科生的精神需求，推动红色基因与法学理论案例、实践教学、职业伦理道德知识直接对接，实现红色基因完全参与到法学教育的话语体系中。如针对"思想道德修养与法律基础"课程的案例引入，教师既要注意材料贴近实际、贴近生活、贴近学生，又要讲究教材语言向教学语言的转化方式，力求增加教学语言的易懂性和多样性，提升教学语言魅力，优化话语交流方式，实现教学效果的更加优化。针对道德内容的空洞和法律知识的枯燥问题，教师要把偏抽象的教材语言转化为更加生活化的教学语言，通过增强语言的感染力，提高教学艺术，激活教学课堂，降低学生对教学知识"接受目标"的排斥。

在"和谐教学关系"上，教师和学生必须确立"双主"理念，坚持主导性和主体性的统一，构建积极的师生关系，增强教学的亲和力。传统的课堂教学往往过分强调教师的主导性，忽视学生的主体性。随着时代的发展，针对教师和学生在课堂上的功能要求，"教师由知识的传授者、灌输者转变为学生主动建构意义的帮助者、促进者，发挥学生的主动性、积极性"[①]，成为新时代"双主"教学模式的教学要求。首先，构建和谐的师生关系，需要教师以学生发展为本，调动学生的学习积极性。"单就个人来说，他的行动的一切动力，都一定要通过他的头脑，一定要转变为他的意志的动机，才能使他行动起来。"[②]作为学习主体，学生决定着学什么、学多少、如何学以及是否将理论知识和价值理想内化于心、外化于行，是提升教学效果的重要元素。因此，教师要了解学生身心成长规律，尊重学生的发展需求，想学生之所想，解学生之所惑，充分调动学生的主观能动性，让内因作用更自觉，实现"要我学"向"我要学"的转变。其次，教师的主导性和学生的主体性都需要发挥能动性才能实现。主导性是教师作为教学主体能动性施教的彰显，主体性是学生作为学习主体能动性受教的体现。双向互动的教学是自教和他教的有机统一体，需要教师和学生在双向平等的师生关系中进行感受、交流、反馈，进而在发挥自身能动性的基础上实现教与学的统一。

————————

① 顾钰民.高校思想政治理论课改革"慕课热"以后的"冷思考"[J].思想理论教育导刊,2016(1):115-117.
② 中共中央马克思恩格斯列宁斯大林著作编译局.马克思恩格斯选集:第4卷[M].北京:人民出版社,2012:258.

二、激活学生的学习动力,深化认知

(一)涵育崇高精神追求,凸显使命、价值、目标

当代青年生逢其时,所处的时代是近代以来中华民族发展的最好时代,也是实现"两个一百年"奋斗目标、实现中华民族伟大复兴的中国梦的关键时期。党的十九大报告明确指出"青年一代有理想、有本领、有担当,国家就有前途,民族就有希望"。个人梦只有与国家梦深度交织融合,与时代主题同频共振、同向同行,青年人才会主动将"小我"融入"大我",在实现个人价值与社会价值的统一中,自觉成为有理想、有本领、有担当的时代新人。

第一,要养成高远之志,涵育崇高精神追求。习近平总书记指出,"我们的国家,我们的民族,从积贫积弱一步一步走到今天的发展繁荣,靠的就是一代又一代人的顽强拼搏,靠的就是中华民族自强不息的奋斗精神。当前,我们既面临着重要发展机遇,也面临着前所未有的困难和挑战。梦在前方,路在脚下。自胜者强,自强者胜。实现我们的发展目标,需要广大青年锲而不舍、驰而不息的奋斗。"①为此,习近平总书记也明确提出对青年学生"要在培养奋斗精神上下功夫"②。青年学生的奋斗精神展现的是其奋发向上的精神风貌,是青年学生勇于拼搏、实现以个人梦助推中国梦的必要条件。首先,要明确自己的目标,找准自己的定位。"青年的理想信念关乎国家未来。青年理想远大、信念坚定,是一个国家、一个民族无坚不摧的前进动力。"③其次,要增强奋斗的本领,"让增长本领成为青春搏击的能量"④。"伟大梦想不是等得来、喊得来的,而是拼出来、干出来的"。⑤ 青年只有练就过硬本领,才能拥有奋斗的底气与动力,成为一个有真才实学的人。一方面,青年应珍惜学习时光,刻苦钻研,努力掌握现代科学文化知识,为个人梦和中国梦的实现做好知识储备;另一方面,青年应将自身学习的理论知识付诸实践,增长见识,提高自己的动手能力。最后,以学修德,激活青年学生奋斗的自觉性。青年学生需要加强自身道德学习,在对模范道德人物事迹的主动学习、主观认同和行为趋同中,涵育心灵、荡涤灵魂、提高修养,进而达到自主自愿、积极主动地为

① 习近平.习近平谈治国理政[M].北京:外文出版社,2014:52.
② 张烁.习近平在全国教育大会上强调 坚持中国特色社会主义教育发展道路 培养德智体美劳全面发展的社会主义建设者和接班人[J].北京青年工作研究,2018(9):17-19.
③ 习近平.在纪念五四运动100周年大会上的讲话[M].北京:人民出版社,2019:7.
④ 习近平.习近平谈治国理政[M].北京:外文出版社,2014:51.
⑤ 习近平.在庆祝改革开放40周年大会上的讲话[M].北京:人民出版社,2018:42.

个人梦和国家梦而奋斗的境界。青年学生只有达到这种境界,才能在长期奋斗中散发奋斗的快乐,保持奋斗的自觉性,避免理想信念的淡薄和只是在外在压力下表现出奋斗的姿态,出现"伪奋斗""精致的利己主义者"等现象。

第二,明确时代责任和历史使命,实现自我成长成才的价值目标。青年成长成才的价值目标,就是青年成长成才最终应该实现的目标与达到的状态,具体有两层含义。一是青年成长成才的价值目标是青年为满足自身物质利益和精神需求而对个人发展所提出的价值诉求,是青年对自身发展所设定的规划,倾向于青年的个人属性;二是青年成长成才的价值目标是基于国家和社会的价值诉求而对青年成长成才更高层次的价值设定,更多地指向青年的社会属性。青年成长成才的价值目标的两层含义是辩证统一的,只有将青年的个人属性和社会属性结合起来融于青年成长成才的全过程,青年成长成才的价值目标才能真正得以实现,青年才能真正"占有自己的全面本质",国家才能实现更好的发展。诚如习近平总书记指出:"青年的人生目标会有不同,职业选择也有差异,但只有把自己的小我融入祖国的大我、人民的大我之中,与时代同步伐、与人民共命运,才能更好实现人生价值、升华人生境界。离开了祖国需要、人民利益,任何孤芳自赏都会陷入越走越窄的狭小天地。"[1]要勇于承担责任,有担当:在微观层面,青年学生应从小处着眼,敢做敢当,形成"敢于担责"的人格特征;在宏观层面,青年学生应肩负起为中华民族谋复兴、为中国人民谋幸福的大任和重任。

(二)端正学习动机取向,确立健康进取态度

学习动机是一种推动学习活动、确定学习方向以及引导、维持、调节和强化学习活动的内部动力,是学习活动中的一项重要因素,它会激励学生努力学习。[2] 为端正学习动机,需从以下两点着手。一是提高大学生抵制诱惑的能力。面对纷繁复杂的社会,身心发展还未成熟的大学生对外界各种事物都感到好奇,容易被消极因素同化,影响身心的健康发展。为此,大学生要学会管好自己,提高自身的自控力和约束力。首先,大学生应理性待物,表明态度,远离诱惑。其次,大学生应进行自我监督,坚定自我意志力。二是确定正确的学习目标,获得"无限的目的"。对于当代大学生的学习来说,要树立正确的学习动机取向,关键是要树立正确的学习目标,如此才能更好地体验到学习的乐趣。"功利性学习是以功利原则为依据,为追求眼前的功效和现实利益而进行的学习,其判断的标准是学习的有限目的性。"[3]这

---

①　习近平.在纪念五四运动 100 周年大会上的讲话[M].北京:人民出版社,2019:7.
②　李明.大学学习学[M].开封:河南大学出版社,2004:129.
③　李会转.大学生功利性学习调查与危机分析[J].黑龙江高教研究,2014(6):37-39.

种学习正在窒息人的心灵,让人渐渐丧失自由和创造力,失去批判精神,一味地认同现实而缺乏对生活更美好的想象、更高远的追求,成为单向度的人。① "功利性学习"坚持的"有限的目的"强调通过学习获得物质层面的满足,是学习的一种外在目的。与之相反,"无限的目的"是一种超越功利的学习,重在个人精神需求的满足和学习本质的回归,是学习的内在目的。人的生命过程是一个不断学习的过程。大学生应端正学习动机,追求有意义的学习,在有意义的学习过程中获得属于自己的知识体系,建构自己的精神世界,以此实现不断的超越和更大的自由,丰富自己的人生。

同时,当下大学生处于市场经济和知识经济高速发展的时代,在激烈竞争中逐渐养成了带有功利性的人生态度,在选择客观事物时总是以自己的需要和兴趣为依据。人生态度在一定程度上是个人价值取向的体现,要树立正确价值观就需要树立健康进取的人生态度,始终保持健康向上态势。进取是健康的外延,健康是进取的前提。带有功利性的人生态度也拥有进取之心,表现出积极进取的样态,但这绝不是健康进取的、符合大学生身心发展规律的应有姿态。缩小到学习方面,这种人生态度就体现为功利化的学习态度、实用主义的学习心态,影响着大学生的整个学习过程。对此,大学生要树立正确的学习观,明白"为谁学"的问题。学习观是人们对学习相关问题的总的看法和根本认识,它是在学习活动和社会生活中逐渐形成的。② 大学生的学习观对他们学习态度的养成、学习目的的树立和学习方法的形成都有着十分重大的影响。为了帮助大学生形成正确的学习观,可以为学生创设积极健康的学习环境,通过榜样教育、影响学生世界观和人生观的形成,进而带动学生树立正确的学习观,确立正确的学习动机取向。

(三)尊重差异,引领主流价值,塑造正确价值理念

高校是各种思想交锋的主要场所,也是意识形态斗争的前沿阵地。当前多种社会思潮在高校交流交锋交融,一些错误的社会思潮采用价值观输出和意识形态渗透的手段,在无意识中弱化大学生对主流价值的认同,使大学生的价值取向与我们所期望的价值观背道而驰。特别是作为国家治理体系和治理能力现代化建设的后备军,法科生的意识形态和价值取向直接关系着国家和社会的稳定。因此,法科生应在多元化的社会思潮中掌握"如何正确认识各种社会思潮"的知识,提高自身明辨是非的能力,从而在增强主流价值认同的同时塑造正确的价值理念。

---

① 赫伯特·马尔库塞.单向度的人:发达工业社会意识形态研究[M].刘继,译.上海:上海译文出版社,2008:5.
② 王言根.学会学习:大学生学习引论[M].2版.北京:教育科学出版社,2003:7.

首先，坚持一元主导，树好意识形态旗帜。允许多元价值存在并不意味着放弃马克思主义一元主导地位。习近平总书记强调："现在，宣传思想工作的环境、对象、范围、方式发生了很大变化，但宣传思想工作的根本任务没有变，也不能变。宣传思想工作就是要巩固马克思主义在意识形态领域的指导地位，巩固全党全国人民团结奋斗的共同思想基础。"换言之，我们必须坚持好、贯彻好马克思主义在高校的一元主导地位，用马克思主义理论武装大学生的头脑，使大学生在自觉运用马克思主义立场、观点、方法处理问题的过程中形成正确的价值理念。在处理多元价值和主流价值的地位问题时，对多元价值的尊重和宽容，并不意味着主流价值要"失语""失声"，放任多元价值的发展，而是指在坚持主流价值"主导"地位的前提下承认多元价值的存在。多元价值取向的多元化特性极易满足大学生多样化的需求，使大学生走入极端多元文化主义，进而导致意识形态和社会秩序陷入混乱状态。因此，必须坚持主流价值的主导地位，在主流价值的导向下进行意识形态的塑造。同时，要"注意区分政治原则问题、思想认识问题、学术观点问题，旗帜鲜明反对和抵制各种错误观点"，在大是大非的意识形态问题上不妥协，做到敢于发声、敢于剖析、敢于亮剑。在协调多元价值和主流价值的关系问题时，应在求同存异的前提下进行价值标准的磨合，以此进一步增进主流价值认同。诚如崔新建所指出的：认同都是以自我为中心的，认同双方都是按照自己的标准来确定"同"或"异"的，认同的目的是使自我的身份趋向中心。[①] 因此，多元价值和主流价值一方面应向核心价值观念和价值标准靠拢，坚持价值理念的"同"，另一方面也应承认和尊重一般价值理念的特点，即所谓的"异"。由此，在求同存异的过程中应避免价值取向的极端化倾向，在吸收对方积极因素不断完善自身的同时，又增添核心价值观念和价值标准的内容，增加双方的共通之处。

其次，坦率承认多元价值，给予多元价值取向生存空间，"将问题呈现"。目前，多元化的社会思潮已经形成，成了既定事实，相互排斥只能加大各种社会思潮之间的斗争，激化矛盾冲突，给学生制造更为复杂的社会环境。对于不同价值观，特别是那些与人的切身利益相关的价值观，我们要勇于承认。一方面，现实世界是多种多样的，而现实的人也是各不相同的，每个个体都有不同的价值取向，这为价值观多元化的形成奠定了客观基础。另一方面，经济全球化下的文化发展和交融、信息化时代下的知识共享和传播，也为多样化价值取向的形成提供了有利条件。习近平总书记曾也明确指出："'万物并育而不相害，道并行而不相悖。'我们要尊重文明多样性，推动不同文明交流对话、和平共处、和谐共生，不能唯我独尊、贬低其他文明和民族。"一元主导与多元并存有矛盾但并非对立关系。因此，我们应尊重差异，坚持"消除对立、互融共进"的理念，努力为各种社会思潮的和平相处制造条件，实现共同发展。

---

① 崔新建.文化认同及其根源[J].北京师范大学学报(社会科学版),2004(4):102-103.

当然,在尊重差异中实现共同发展,不是简单、机械、被动地承认每一种社会思潮的合理性,不是全盘吸收每一种社会思潮,而是"取其精华、弃其糟粕",积极承认其合理性的一面,摒弃其不好的一面,以此为大学生价值观的形成营造良好的价值环境。

三、强化教育媒介的促进作用,形成调控

(一)创新教学方法,提升教学效果

教育也应随着时代的发展不断创新突破。当今社会,不论是政治上、经济上,还是文化上,都呈现出纷繁复杂的态势,在这样的社会背景下,传统法学教育所注重的传授理论知识已不足以应对,法律专业人才还需要更加丰富的实践经验①。诚如人才的培养需要知识教学和实践教学两个环节的相互衔接和相互支撑一样,教师的"教"和学生的"学"之间也要有能切身体验的实践场域。对此,法学教育需要摆脱理论灌输式的教学方式,采用"实践导向型"的教学方法,既注重对法学理论、法律概念、法律条文的解析,又关注学生司法实务操作能力和法律实践经验的培养,以此在德法共育中培养出理论认知深厚和实践技能精湛的高素质法律人才后备军,承担起推进国家治理体系和治理能力现代化、建设社会主义现代化法治国家的使命。

理论联系实际的"实践导向型"教学方法,也就是法科生既需在课堂教学中进行理论知识的学习,也需在实践教学中感受法学知识的运用,提升自身综合实践能力的教学方法。换言之,在实践性法学教育体系下,学生掌握的是一种法律事务处理能力,而不是机械背诵法律条文的记忆能力。具体而言,可以通过以下两种途径进行法律人才的培养。一是开展模拟法庭教学。模拟教学法是一种启发式教学方法,强调学生通过情境学习,进行主动探索、主动发现,从而获得体验,将知识有效地内化。② 模拟法庭教学通过模拟的庭审环境,呈现出真实办案场景,让法科生在角色转换和实时互动中对案件具体环节和细节进行分析、思考和讨论,从而了解律师处理和分析实际案例的感受,获取实践性经验和案件处理技巧,让枯燥的法律知识变得立体、形象。二是诊所式法律教学。在法律诊所中,学生运用所学知识对有机会接触到真实的法律案件进行判断和操作,开展一系列的法律知识训练。这种实践教学

---

① 苏力.法学本科教育的研究和思考[J].比较法研究,1996(2):145-167.
② 李学兰.法学模拟教学方法之理论与实践[J].中国成人教育,2003(4):79-80.

方式,既可以让法科生在有限的时间内掌握全面的法律知识,培养法科生的判断和分析能力,又可以在体验式的训练中锻炼法科生的实际运用才能,积累经验,从而较快实现对法科生的技能培训。

同时,法律人才必定要有坚实的法律知识涵养,"研究法律者,只有了法律知识,断不能算作法律人才;一定要于法律学问之外,再备有高尚的法律道德"①。因此,在法学实践教学过程中,要注入红色基因的内容,助力法科生职业伦理道德的培育,帮助法科生形成独立的法律职业品格。一方面,法科生通过社会实践的锻炼,真实地体验律师与法官、律师与当事人、律师与律师的关系,亲身感受作为一名法律职业者所应当承担的社会责任。另一方面,实践教学通过制造真实场景,不仅加深了法科生对道德知识的理解,还在有温度的情感场域中帮助法科生从道德认知向道德品行转化,进而在不知不觉中养成良好的道德品行。最终,法学教育在实践教学中达到法律知识和法律精神的内化和外化目标,实现德法共育的教育目的。

(二) 深度挖掘红色教育内容,丰富教学涵养

合理选择教学内容、深度挖掘教学资源是教学过程的核心环节。为了落实立德树人的教学任务,法学教育必须相应地把立德树人作为教学重心,在德法合治的大背景下"培养造就熟悉和坚持中国特色社会主义法治体系的法治人才及后备力量"。因此,具有重要德育价值的红色基因理应成为教学内容的首选。红色基因是一种有着高尚的共产主义理想信念、道德情操、意志品质、精神风貌等独特遗传密码的优秀基因,其核心内容就是共产党人的理想信念和全心全意为人民服务的宗旨,涵盖了信念坚定,纪律严明;对党忠诚,一心为民;艰苦奋斗,勇于牺牲;实事求是,敢于创新;清正廉洁,无私奉献等内容。为帮助法科生选择和吸纳适合自己道德成长的内容,提高自身的思想道德修养、职业伦理规范和综合素质,法学教育应加强理想信念教育,为法科生的成长注入思想灵魂;加强爱国主义教育,培育有温度的法治人才;加强主题教育,牢记"育人"和"教化"的初心和使命;加强党性教育,坚定正确的政治方向。

加强理想信念教育,塑造法科生的灵魂,让法科生成为信念坚定、纪律严明的法治人才。立德树人,首先要明确立什么样的德。理想信念是思想行动的总开关、总闸门,青年人树立正确的理想信念,是青年人个人成长的需要,更是民族和国家前途命运的需要。正如习近平

---

① 孙晓楼.法律教育[M].北京:中国政法大学出版社,1997:12-13.

总书记所说,"有了坚定的理想信念,站位就高了"①,"历史和现实都告诉我们,青年一代有理想、有担当,国家就有前途,民族就有希望,实现我们的发展目标就有源源不断的强大力量。"②因此,必须把"在坚定理想信念上下功夫"摆在首要位置,发挥理想信念的引领作用。从某种意义上来说,理想信念教育是一种立德的过程,是针对法科生世界观、人生观和价值观的教育,是提高法科生自律意识的必要手段。诚如德是引领、法是保障,理想信念教育需与法治教育相融合,共同促进德法兼修的高素质法治人才的培养。理想信念教育与法治教育的结合,是德法共育理念下应有的教学内容,是感性与理性、自律意识与他律意识的结合。一是以理想信念教育为先导,夯实思想基础,明晰职业伦理道德,划清职业行为界限,实现法科生理想信念的纯洁性。二是以法治教育保障和推动理想信念的实现。理想信念的实现需要个体极高的自律意识,也需要外在的硬性规范。法律制度的约束在一定程度上为个体理想信念的实现提供了外在约束力。

加强爱国主义教育,培育有情感的爱国精神,让法科生成为有温度的法治人才。如果没有道德,那么法科生的爱国行为就只是僵硬地根据法律要求履行法律义务,毫无情感认同可言。增加道德的教育——爱国主义教育,能激发法科生的爱国热情,让爱国行为成为一种发自内心的自愿的行为,是出于道德义务履行的、而非法律强制履行的行为。在实际生活中,道德要求和法律规范是爱国行为的双维要求,少了爱国的情感润化,爱国行为的驱动力就显得不足。经过增加有道德的教育——爱国主义教育,驱动个体心中的道德义务,将爱国情感渗入个体的血脉,内化为个体的素质,形成"理智而富有热情、坚定而持久,并在法律的帮助下成长的爱国心"③,从而外化于行,呈现出有温度的爱国行为。由此,法科生把爱国热情投入到工作中,成为法律法规的信仰者、公平正义的捍卫者、法治建设的实践者。

加强主题教育,牢记"育人"和"教化"的初心和使命。在此次调查中,大多数学生都认为自己所在院校很有必要在法学学科背景下开展"不忘初心、牢记使命"的主题教育,且自身也很愿意参加学校组织的这种活动。一个时代有一个时代的主题,一代人有一代人的使命。习近平总书记在十九大报告中提出在全党开展"不忘初心、牢记使命"的主题教育,号召全体共产党人牢记初心和使命,为实现中华民族伟大复兴不懈努力。作为培养德才兼备的法治人才的法学教育,理应牢记"育人"和"教化"的初心和使命,将红色基因融入主题教育,培养具有艰苦奋斗、清正廉洁和无私奉献精神的法科生。教师是引导学生感受、学习、传承红色基因的师者,应组织相关活动让红色基因在主题教育中深入学生内心。如组织学生党员到红色教育基地参观学习,感受先辈精神等系列主题教育活动,让学生党员的思想品格受到熏

① 习近平给北京大学考古文博学院2009级本科团支部全体同学回信[N].人民日报,2013-05-04(1).
② 习近平在同各界优秀青年代表座谈时的讲话[EB/OL][2013-05-05].人民网.
③ 夏尔·阿列克西·德·托克维尔.论美国的民主[M].董果良,译.北京:商务印书馆,1988:268-271.

陶浸润,不断提高自身的思想道德修养。作为法治建设的实践者和法治进程的推动者,法科生应注重职业道德的修炼,时刻牢记自己的从业使命。如作为一名行使国家检察权的检察人员,应承担起检察机关的政治使命和法律担当,在日常工作中廉洁自律,不逾越法律界限,不触碰法律底线,做对党、对国家、对人民有用的践行检察使命的工作者。

加强党性教育,坚定正确政治方向,培养对党忠诚、一心为民的法治人才。高校立德树人的根本任务在于培养社会主义合格建设者和可靠接班人,这也是高校党建工作的核心要义。习近平总书记指出:"要坚持不懈强化理论武装,毫不放松加强党性教育,持之以恒加强道德教育,教育引导广大党员、干部筑牢信仰之基、补足精神之钙。"①十八大以来,"中国特色社会主义"成了法治的定语,为法治的发展明确了政治方向。"中国特色社会主义"这一定语内在地涵括了法治思维和法治方式应与党员的党性培养结合起来,修好未来法治人才的"心学"。中国共产党的宗旨与法律追求的目标和价值具有内在的一致性,都是以广大人民群众为服务对象,以为人民服务、为人民谋幸福为价值理念。因此,对于法学教育而言,深挖红色基因的党性教育价值是增强党员党性修养的重要途径。一是各法学院校要把红色基因教育纳入党校的教育教学体系,作为党校必修课程,帮助党员树立为人民服务的价值观,提高党员的思想政治素质。二是开展知识竞赛、演讲比赛等活动,在深化理论认知的过程中强化党员对党的情感认同。

当然,"教书育人"的过程是一个长期的过程。为充分发挥红色基因资政、兴党和育人的价值,不仅需要深度挖掘红色资源,加强对学生的理想信念教育、爱国主义教育、党性教育和主题教育,更需要在教学内容上保持红色基因教育的连贯性,做好理想信念教育、爱国主义教育、党性教育和主题教育的衔接,丰富教学涵养。

(三)打造全方位的教学载体,汇聚教育合力

一是加强思想政治理论课平台建设。课堂教学是高校教育活动中最基本、最重要的一项。习近平总书记指出:"要用好课堂教学这个主渠道,思想政治理论课要坚持在改进中加强……其他各门课都要守好一段渠、种好责任田,使各类课程与思想政治理论课同向同行,形成协同效应。"②在此次调查中,接近43%的同学认为思想政治理论课的内容有利于培养德治和法治人才。因此,在红色基因融入法学教育的教学过程中,要抓好思想政治理论课这个"主渠道",在引导广大法科生做红色基因的坚定信仰者和积极践行者的过程中,促使红色

---

① 习近平.习近平谈治国理政:第2卷[M].北京:外文出版社,2017:181.
② 张烁.把思想政治工作贯穿教育教学全过程开创我国高等教育事业发展新局面[N].人民日报,2016-12-09(1).

文化资源转化为法科生的精神养分,进一步提高法科生的思想道德修养。在思想政治理论课四门课程中,找准各门课程利用红色文化资源进行教学的侧重点与切入点,从不同角度讲中国故事,诉中国共产党先进事迹,论述马克思主义为什么"行",中国共产党为什么"能",中国特色社会主义为什么"好"的问题。如在"马克思主义基本原理概论"课程中,从辩证唯物主义和历史唯物主义的角度讲述老一辈无产阶级革命家历尽千辛万苦选择始终信仰马克思主义的历程,让法科生领悟马克思主义的伟大力量;在"毛泽东思想和中国特色社会主义理论体系概论"课程中,以探索中国特色社会主义道路为线索,讲述中国革命时期、建设和改革时期的苦难与辉煌,帮助法科生坚定"四个自信";在"中国近现代史纲要"课程中,从纵向的时间顺序向法科生展示"星星之火,可以燎原"的奋斗姿态,讲述中国共产党由弱变强、由小变大的拼搏历程,帮助法科生认清世界历史的大趋势与近现代中国的历史发展规律;在"思想道德修养与法律基础"课程中,从思想、道德和法治三大板块横向彰显革命先辈的高尚人格魅力,以此塑造法科生正确的价值观。由此,在思想政治理论课中全面提升立德树人质量,红色基因融入法学教育的教学实践达到"春风化雨、入脑入心"的教学效果。

二是加强校园文化平台建设。正如人和环境相互创造的辩证关系,在校园文化建设中积极融入红色基因,能为法科生创造一个看得见、摸得着的红色教育环境。教育部、共青团中央在《关于进一步加强高等学校校园文化建设的意见》中,对校园文化活动的内涵进行了规定,指出:"要精心设计和组织开展内容丰富、形式新颖、吸引力强的思想政治、学术科技、文娱体育等校园文化活动,把德育、智育、体育、美育渗透到校园文化活动中,使大学生在活动参与中受到潜移默化的影响,思想感情得到熏陶、精神生活得到充实、道德境界得到升华。"因此,在校园文化建设中,应以环境、文化、组织和活动为抓手,从物质性文化、观念性文化和制度性文化着手,打造以红色文化为引领的校园文化平台建设,为法科生思想境界的提升提供可感、可学的教学载体。如在物质性文化建设方面,以校园环境的优化为立足点,制造红色情境。高校可以通过人物雕像的摆放、红色宣传栏的建立和宣传标语的设立,对法科生形成直观的感官冲击,以在潜移默化中向法科生输送红色文化;在观念性文化建设方面,以红色精神和校园精神的结合为着力点,促进法科生的文化浸润。高校可以通过开学典礼、毕业典礼、重大赛事等重要时间节点,积极举办红色文化宣传活动,实现校园精神与红色文化精神的有机结合,提升法科生的思想觉悟;在制度性文化建设方面,将红色基因融入校级和院级学生工作要求中,为法科生的学习和生活设立明确的行为准则。由此,在物质性文化、观念性文化和制度性文化的体系化建设中,以强大的校园正能量滋润未来法治人才的思想。

三是加强网络教育平台建设。随着网络技术、数字化技术与移动客户端技术的快速发展,网络教育平台成为新时代红色基因教育的必备教学载体。以网络为载体加强红色教育活动,能够超越时空的限制,扩大教育辐射面,让学生更容易接受红色基因的洗礼。对此,各政法院校应创建富有学科特色的红色教育微媒体平台,汲取红色文化中道德建设的正能量。如某政法大学民商法学院倾力打造的"民商荟"微信公众号以"一个中心,两个维度,三个平台,四微工程"的"1234"为工作模式,以法学教育、思想政治理论教育和时事热点为主要宣传内容,既向法科生输送专业理论知识,又在无意识中关注法科生的思想动态,加强法科生的红色教育。当然,任何网络媒体的建设,都离不开内容和形式的设置。在网络媒体的内容设置上,应"秉承内容为王的理念"[①]。虽是采用新媒体技术,但要达到理想的宣传效果,提升网站吸引力,必须要有实实在在的内容呈现。要将红色基因横向和纵向地展开,并结合自己的学科特色,定期推送不同主题的红色文化资源。在网络媒体的形式设置上,应树立"形式为先"的理念[②]。如果没有多样化的宣传形式,再丰富的宣传内容也缺乏吸引力,影响"红色文化"的育人效果。因而,要避免对其他红色网站内容进行生搬硬套,要创新表达方式。例如采用图文并茂和声情交融的方式把文字、声音、图像等融为一体,增强法科生的立体化感官体验。另外,各法学院校可以借助如"学习强国"等各种移动 App,增加红色基因因素,联合打造红色教育网络平台,在实现红色文化资源共享的过程中拓展法科生关于红色文化的认知,深化法科生对红色教育的情感认同。

四是加强社会实践平台建设。"社会实践是高等教育中不可缺少的有机组成部分,是重要的教学形式,是高等教育的专业性要求,也是世界高等教育发展的共同趋势。"[③]正如习近平总书记指出的:"革命传统资源是我们党的宝贵精神财富,每一个红色旅游景点都是一个常学常新的生动课堂,蕴含着丰富的政治智慧和道德滋养。"[④]在此次调查中,大多数同学都愿意参加学校和学院组织的"传承红色基因"相关主题的课外实践活动,且有 63% 的同学表示更喜欢社会实践型的教育方式。对此,各法学院校应把传承和弘扬红色文化纳入社会实践活动的整体规划中,以红色资源教育基地为立足点,组织法科生开展红色旅游、重温红色历史、调研红色革命史实、体验红军生活等活动,促进法科生红色教育的知行合一。例如某政法大学民商法学院充分利用当地红色资源教育基地,开展"青春在路上——追寻重庆红色基因徒步活动",教师和学生花费 6 小时,行走 8.2 公里,重走先辈们的革命道路,用双脚丈量革命热土,用行动践行革命精神。在实践中,各法科生体悟革命先辈的顽强意志和拼搏精神,进而增强对红色基因的情感认同,坚定自身的责任意识和使命担当。

当然,同教学内容的优化整合一样,红色基因融入法学教育的教学载体也应汇聚各方教

---

①②　王春霞.论红色文化资源在大学生思想政治教育中的功能定位及实现路径[J].思想理论教育导刊,2018(5):132-135.

③　王荣党.大学生社会实践的理论渊源[J].学术探索,2000(3):71-74.

④　徐京跃.习近平到韶山[N].人民日报(海外版),2011-03-24(4).

学载体的合力,优化教学效果。如思想政治理论课平台的建设也应顺应时代发展潮流,因势利导,将移动互联网技术纳入课堂教学,并坚持理论联系实践、显性教育结合隐性教育的教育原则,结合建设思想政治理论课平台、校园文化平台、网络教育平台和社会实践平台,着力建设课内课外全覆盖的立体式教学体系。

四、探索教育实践的有效推进,确保落实

(一)尊重教学规律,合理规划教学安排

教育是国之大计、党之大计,影响甚至决定着接班人的成长问题和国家的发展问题。教育不仅重要,更有自身的发展规律。诚如"教学有法",教学规律是对教学过程的"必然"的揭示,是教育主客体广泛认同并共同遵守的基本要求。为促进红色基因融入法学教育的教育实践有效推进,促进德才兼备的人才培养工作有效落实,教育者理应在教育实践中充分认识并掌握教学客观规律。

尊重教育规律是发展教育事业、推进教育向上向好的基本要求。一是遵循教育规律,遵循教书育人规律。红色基因融入法学教育的教学实践既需要教师完成"教书"任务,也需要实现"育人"目标。因此,在教学实践中,教师要坚持教学过程和学生修身的统一,从理论和实践的统一中提高学生的思想道德修养。二是遵循学生成长规律。教育是追求个体的发展,是"帮助人以一切可能的方式成为实现他自己潜能的主人",而"不是按照某种模式人为刻意地锻造"①。在教育实践中,要坚持教师教学过程和学生接受过程的统一,坚持教学过程和学生自我意识分化及同一的统一,在尊重学生成长规律的前提下实现教育效果的最优化。如教师应时刻关注学生的发展状况,尽量选取适合每位学生的教学内容和教学方式,促进学生多样发展、特色发展和全面而有个性地发展。

另外,在遵循教育规律、学生成长规律的基础上,教师应合理进行教学安排,进一步提高教学实效性。针对目前法学院校学科专业课采取小班教学,而思想政治理论课采用大班教学的问题,教师可从以下两个方面解决。一是转变思想观念,树立知识教育和价值教育同等重要的教学理念,尽可能按照专业理论课教学规模进行思想政治理论课的授课;二是若受外

---

① 胡金波.从这里开始,不一样的精彩:实现江苏省普通高中教育战略性转移的策略[J].江苏教育研究,2011(1):3-8.

在因素影响,只能进行大班教学,则教师要注重师生间的互动、对课堂秩序的维护和控制等,尽可能保证教学有效推进。

(二)注重教学实效,严格把控教学质量

质量是立校之本,教育教学质量是高校生存与发展的核心。注重教学实效,搭建完善的教学质量评估体系是保证教育教学质量的根本。然而在红色基因融入法学教育的过程中,红色基因富含的德育教学内容缺乏一套科学的质量评估体系,以致德育的教学实践欠缺实效性。对法科生进行的德育培养不像知识教育那样直接明了,这是一项长期的教育工程,需要持续不断地浸润与引导,才能逐渐内化于心、外化于行。因此,为使教学评价名副其实,提高教学质量,需以科学性和操作性为准则,完善德育评价体系。

一是坚持终结性评价与形成性评价相结合。"教育过程的品质决定着教育质量"[①]。因此,教学质量评价体系需改变以往以考试为主的教学质量评价方式,对学生的学习过程和学习结果进行综合考量,在全员、全方位、全过程育人过程中对学生的德育进行评估,增强质量评价的完整性。二是坚持评价主体多元化。单一的评价主体难以确保评价结果的客观性,进而影响评价结果的准确性和针对性。因此,教学质量评价体系的构建需转变以往以教师为唯一评价主体的理念,试行家庭、学校和学生多元主体参与评价或学生互评等多种方式,提高质量评价的科学性和准确性。三是坚持理论认知与社会实践相结合。德育教育是对学生的思想、道德等方面的教育,首要改变的是学生的思想认识层面,其次才是行为实践方面。诚如实践是检验真理的唯一标准,只有把学生的日常实践纳入德育考评体系,实现知识层面的考试和日常实践的考核的结合,才能避开偶然因素的影响及思想层面的欺骗,增加评测结果的可测性和真实性。

---

① 刘振天.论"过程主导"的高等教育质量观[J].北京大学教育评论,2013,11(3):171-180

附录 红色基因融入法学教育的状况调查

您好！非常感谢您抽出时间填写这份调查问卷。这是一份关于红色基因融入法学教育的状况调查,希望能够得到您的支持与合作。本问卷采用匿名填写,您的答题信息仅供研究之用,不会泄露您的个人信息,请放心作答。为了保证调查的真实性,请您选择符合实际情况的选项,谢谢您的合作。

1.您的性别:(　　　)

A.男　　　　　　　　　　　　　　　B.女

2.您的年级:(　　　)

A.大一　　　　　B.大二　　　　　C.大三　　　　　D.大四

E.研究生及以上

3.您的学历:(　　　)

A.专科　　　　　B.本科　　　　　C.硕博士

4.您的政治面貌:(　　　)

A.中共党员或预备党员　　　　　　B.共青团员

C.群众　　　　　　　　　　　　　D.其他

5.您了解红色基因的含义吗?(　　　)

A.十分了解　　　B.一般,听说过　　　C.没了解

6.您认为红色基因的内涵应包括哪些方面?(多选题)(　　　)

A.信念坚定,纪律严明　　　　　　B.对党忠诚,一心为民

C.艰苦奋斗,勇于牺牲　　　　　　D.实事求是,勇于创新

E.清正廉洁,无私奉献

7.您认为您去过的爱国主义教育基地对您有很大的启发:(　　　)

A.非常符合　　　B.符合　　　　　C.一般符合

D.不符合　　　　E.完全不符合

8.您认为德治和法治同等重要:(　　　)

A.非常符合　　　　B.符合　　　　　C.一般符合

D.不符合　　　　　E.完全不符合

9.您认为十分有必要在课堂教学中添加有关红色基因的内容:(　　　)

A.非常符合　　　　　　B.符合　　　　　　　C.一般符合

D.不符合　　　　　　　E.完全不符合

10.目前您所在院校在法学教育教学中十分重视红色基因的融入:(　　　)

A.非常符合　　　　　　B.符合　　　　　　　C.一般符合

D.不符合　　　　　　　E.完全不符合

11.您所在院校在教学过程中,教师常用中国共产党人的初心和使命来提醒法科生需时刻保持自己的初心和使命:(　　　)

A.非常符合　　　　　　B.符合　　　　　　　C.一般符合

D.不符合　　　　　　　E.完全不符合

12.您所在院校在开展"不忘初心、牢记使命"主题教育时,时刻在法学学科背景下为大学生讲解红色基因融入法学教育的必要性及其价值:(　　　)

A.非常符合　　　　　　B.符合　　　　　　　C.一般符合

D.不符合　　　　　　　E.完全不符合

13.您所在院校充分利用当地红色文化进行红色基因的讲解:(　　　)

A.非常符合　　　　　　B.符合　　　　　　　C.一般符合

D.不符合　　　　　　　E.完全不符合

14.您十分愿意参加由学校和学院组织的学习了解红色基因相关内容的实践活动:
(　　　)

A.非常符合　　　　　　B.符合　　　　　　　C.一般符合

D.不符合　　　　　　　E.完全不符合

15.您认为思想政治理论课的内容利于培养德治和法治人才:(　　　)

A.非常符合　　　　　　B.符合　　　　　　　C.一般符合

D.不符合　　　　　　　E.完全不符合

16.您所在院校通过哪些途径进行红色基因的教育?（多选题)(　　　)

A.建立大学生"红色社团"　　　　　　B.建立红色网站

C.课堂教学　　　　　　　　　　　　　D.建立红色资源实践教育基地

E.开展红色主题文体活动　　　　　　　F.其他

17.您认为目前学校通识课、专业课关于红色基因的教学存在哪些问题?（多选题)
(　　　)

A.教学内容较为陈旧,缺乏新颖度　　　B.教学形式过于单一,没有吸引力

C.同学们对红色文化没有兴趣　　　　　D.教师对红色文化的了解不深,讲解不透彻

E.多为理论灌输,切身体验感不强　　　F.教学过程中,互动较少,教学实效性不强

18.您更喜欢下列哪种教育方式?（   ）

A.理论讲授(如课堂教育、讲座、报告会等)

B.主题活动(如辩论赛、职业生涯规划大赛等)

C.社会实践(如参观红色景点,参加志愿者活动、普法活动等)

D.网络宣传(如视频短片、红色影视作品等)

参考文献

(一) 著作类

[1] 马克思,恩格斯.马克思恩格斯全集:第 1 卷[M].北京:人民出版社,1956.

[2] 马克思,恩格斯.马克思恩格斯全集:第 3 卷[M].北京:人民出版社,1960.

[3] 马克思,恩格斯.马克思恩格斯全集:第 4 卷[M].北京:人民出版社,1965.

[4] 马克思,恩格斯.马克思恩格斯文集:第 1 卷[M].北京:人民出版社,2009.

[5] 马克思,恩格斯.马克思恩格斯文集:第 2 卷[M].北京:人民出版社,2009.

[6] 马克思,恩格斯.马克思恩格斯文集:第 3 卷[M].北京:人民出版社,2009.

[7] 马克思恩格斯列宁斯大林著作编译局.马克思恩格斯选集:第 1 卷[M].北京:人民出版社,1972.

[8] 马克思恩格斯列宁斯大林著作编译局.马克思恩格斯选集:第 4 卷[M].北京:人民出版社,1976.

[9] 毛泽东.毛泽东选集:第 1 卷[M].2 版.北京:人民出版社,1991.

[10] 毛泽东.毛泽东选集:第 3 卷[M].2 版.北京:人民出版社,1991.

[11] 邓小平.邓小平文选:第 3 卷[M].2 版.北京:人民出版社,1993.

[12] 邓小平.邓小平文选:第 2 卷[M].2 版.北京:人民出版社,1994.

[13] 习近平.在哲学社会科学工作座谈会上的讲话[M].北京:人民出版社:2016.

[14] 习近平.在庆祝中国共产党成立 95 周年大会上的讲话[M].北京:人民出版社,2016.

[15] 习近平.习近平谈治国理政:第 2 卷[M].北京:外文出版社,2017.

[16] 中共中央文献研究室.习近平关于社会主义文化建设论述摘编[M].北京:中央文献出版社,2017.

[17] 中共中央文献研究室.习近平关于青少年和共青团工作论述摘编[M].北京:中央文献出版社,2017.

[18] 中共中央文献研究室.十八大以来重要文献选编(中)[M].北京:中央文献出版社,2016.

[19] 习近平.在纪念五四运动100周年大会上的讲话[M].北京:人民出版社,2019.

[20] 王瀚主.法学教育研究:第4卷[M].北京:法律出版社,2010.

[21] 孙晓楼.法律教育[M].北京:中国政法大学出版社,1997.

[22] 郝铁川.依法治国与以德治国[M].上海:上海人民出版社,2016.

[23] 陈征楠.法正当性问题的道德面向[M].北京:中国政法大学出版社,2014.

[24] 亚当·斯密.道德情操论[M].谢宗林,译.北京:中央编译出版社,2013.

[25] 朱志敏.大学生中国革命精神认同力研究[M].北京:北京师范大学出版社,2013.

[26] 韩丽颖.当代大学生核心价值观研究[M].北京:人民出版社,2014.

[27] 孙秀民.中国革命精神及其当代价值研究[M].北京:北京师范大学出版社,2013.

[28] 中共中央关于坚持和完善中国特色社会主义制度推进国家治理体系和治理能力现代
化若干重大问题的决定[M].北京:人民出版社,2019.

[29] 谭德礼,等.当代大学生思想特点及成长成才规律研究[M].北京:人民出版社,2012.

[30] 周娜.新时代大学生中国共产党革命精神认同研究:以河北省为例[M].北京:中国社会
出版社,2019.

[31] 刘金田.红色精神[M].湖南:湖南教育出版社,2011.

[32] 黄蓉生.教师职业道德修养[M].重庆:西南师范大学出版社,2001.

[33] 韩延明.红色文化与社会主义核心价值体系建设研究[M].北京:人民出版社,2013.

[34] 马新发,雷莹.中国共产党革命精神研究[M].北京:中国社会科学出版社,2006.

[35] 靳诺.德治法治与高校思想政治教育[M].北京:光明日报出版社,2004.

[36] 朱国良.新时代大学生法治认同要论[M].北京:中国社会科学出版社,2019.

[37] 邢国忠.社会主义法治理念教育研究[M].北京:中国社会科学出版社,2011.

[38] 杨龙.现代法治背景下的法律与道德[M]北京:中国社会科学出版社,2012.

[39] 郭捷,等.中国法学教育改革与法律人才培养:来自西部的研究与实践[M].北京:中国
法制出版社,2007.

[40] 张莉莉,王伟伟.高校法学教育改革与法律人才培养模式研究[M].西安:世界图书出版
西安有限公司,2018.

[41] 《红色基因》编写组.红色基因[M].北京:党建读物出版社,2016.

[42] 任仲文.红色基因代代传[M].北京:人民日报出版社,2018.

[43] 张剑.立德树人[M].北京:教育科学出版社,2014.

[44] 李建华,夏建文,等.立德树人之道:大学生社会主义核心价值观的培育与践行研究
[M].北京:人民出版社,2015.

[45] 陈万柏,张耀灿.思想政治教育学原理[M].3版.北京:高等教育出版社,2015.

［46］朱桂莲.爱国主义教育研究［M］.北京:中国社会科学出版社,2008.

［47］埃德加·博登海默.法理学:法律哲学和方法［M］.张智仁,译.上海:上海人民教育出版社,1992.

［48］李龙.中国法学教育改革研究报告:中国法学教育的改革与未来［M］.北京:高等教育出版社,2000.

［49］贺卫方.中国法学教育之路［M］.北京:中国政法大学出版社,1997.

（二）期刊类

［1］李力,金昕.新时代高校立德树人的内涵、难点及实现路径［J］.东北师大学报（哲学社会科学版）,2019(2):149-154.

［2］冯果.论新时代法学教育的公共精神向度［J］.中国大学教学,2018(10):54-58.

［3］王春霞.论红色文化资源在大学生思想政治教育中的功能定位及实现路径［J］.思想理论教育导刊,2018(5):132-135.

［4］刘伟.传承红色基因增强教育自信推进"双一流"建设［J］.中国高教研究,2017(11):1-3.

［5］刘同君.新时代卓越法治人才培养的三个基本问题［J］.法学,2019(10):137-148.

［6］胡明.创新法学教育模式培养德法兼修的高素质法治人才［J］.中国高等教育,2018(9):27-28.

［7］吴付来.打造学生真心喜爱、终身受益的思想政治理论课［J］.中国高等教育,2018(2):34-36.

［8］戴明新.大学生红色文化教育存在的问题与对策［J］.学校党建与思想教育,2018(15):51-52.

［9］陈晓雷,高晚欣.当代中国道德对法律的保障性研究［J］.东北大学学报（社会科学报）,2012,14(6):532-537.

［10］黄蓉生,丁玉峰.习近平红色文化论述的思想政治教育价值探析［J］.思想教育研究,2018(9):3-8.

［11］陈九如,张烊烊.新时代高校红色文化教育的逻辑理路［J］.思想理论教育导刊,2019(7):114-117.

［12］万信,乔湘平.红色基因融入高校思想政治理论课教学的策略研究［J］.思想政治教育研究,2019,35(5):102-106.

［13］张志元,周雪雪.高校思想政治理论课话语体系创新与传播研究［J］.思想政治教育研

究,2018,34(6):72-75.

[14] 李婧.中国特色社会主义法治的红色基因探源[J].思想理论教育导刊,2016(10):90-94.

[15] 付安玲.思想政治教育"立德树人"价值唯物史观确证的三个维度[J].学校党建与思想教育,2017(11):19-24.

[16] 曹培强.认知心理学与高校思想政治理论课话语方式创新[J].思想教育研究,2019(4):89-92.

[17] 张亮.依托红色文化推进社会主义核心价值体系建设刍议[J].学校党建与思想教育,2019(16):42-43.

[18] 曲玉梁.论我国法律职业伦理教育学科体系的构建[J].法学,2019(6):49-60.

[19] 蔡立东,刘晓林.新时代法学实践教学的性质及其实现方式[J].法制与社会发展,2018,24(5):93-101.

[20] 邱圣宏,王昌国.《古田会议决议》调查研究红色基因的形成与传承[J].南京政治学院学报,2015,31(1):125-128.

[21] 谭伯乐.传承红色基因做新时期合格共产党员[J].中共南昌市委党校学报,2018,16(6):34-36.

[22] 刘淑娥.红色基因助力党建工作创新[J].人民论坛,2018(24):94-95.

[23] 田歧瑞,黄蓉生.社会主义核心价值观的红色基因论略[J].西南大学学报(社会科学版),2015,41(3):48-54.

[24] 戴晓明.坚持和传承军民一致原则的红色基因[J].南京政治学院学报,2015,31(1):137.

[25] 宋月红.长征精神:中国共产党人的红色基因[J].红旗文稿,2016(23):37-38.

[26] 胡蓉.德法合治的思想渊源及其当代发展[J].学校党建与思想教育,2012(12):86-87.

[27] 岳凤兰.传承红色基因的时代价值[J].北京教育(德育),2018(4):63-67.

[28] 陈源波.高校思政教育中传承红色基因的价值及路径探究[J].湖北开放职业学院学报,2019,32(24):82-83.

[29] 王琳娜.红色基因的内涵与价值功能研究[J].宝鸡文理学院学报(社会科学版),2017,37(5):46-50.

[30] 姜焕良.新时代红色基因传承路径研究:以黄冈职业技术学院为例[J].黄冈职业技术学院学报,2019,21(6):87-89.

[31] 金懿.信息化时代激活大学生党员红色基因传承[J].智库时代,2020(1):39-40.

[32] 杨娟.把红色基因一代代传下去[J].黑河学刊,2017(1):136-137.

［33］林高标.红色基因的内涵与功能的思考［J］.党史博采（理论版）,2019(8):24-26.

［34］杜懿华.思想政治教育在法学教育中的应用［J］.智库时代,2019(43):48,50.

［35］陈晓雷.思想政治教育向法学教育的渗透研究［J］.国家教育行政学院学报,2012(2):26-29.

［36］胡明.改革开放以来法学教育的成就与展望［J］.中国高等教育,2018(24):7-11.

［37］文琴芬.法学专业教育融入思想政治教育的途径研究［J］.法制博览,2019(19):278-279.

［38］杨丽娟.以德治国与依法治国［J］.桂林师范高等专科学校学报,2002,16(2):1-4.

［39］申莉婷.新时代中国特色社会主义"德法合治"方略的必然性与可行性思考［J］.时代金融,2019(35):119-121.

［40］郭立江.德法合治及路径选择探析［J］.和田师范专科学校学报,2007,27(3):44-45.

［41］张瑞敏,毛维国."德法合治"思想的历史溯源及其现实意义［J］.西南石油大学学报（社会科学版）,2014(5):72-77.

［42］刘作翔.法制现代化进程中的中国法律教育［J］.中外法学,1994(5):49-52.

［43］方流芳.中国法学教育观察.［J］.比较法研究,1996(2):116-144.

（三）报纸类

［1］郭明瑞,王福华.高等法学教育的反思与审视［N］.法制日报,2001-09-02(3).

［2］曲青山.实现中华民族伟大复兴是近代以来中华民族最伟大的梦想［N］.人民日报,2017-11-29(7).

（四）学位论文类

［1］张颖.新时代大学生艰苦奋斗精神教育研究［D］.长春:东北师范大学,2018.

［2］孙树彪.高等教育内涵式发展的"立德树人"研究［D］.长春:吉林大学,2019.

［3］张鑫宇.大学生思想政治教育传承红色基因研究［D］.漳州:闽南师范大学,2019.

［4］温向娜.红色基因传承与社会主义核心价值观培育研究［D］.南昌:南昌大学,2018.

［5］魏美玉.井冈山红色基因的内涵与功能研究［D］.南昌:华东交通大学,2016.

后 记

至 2021 年,中国共产党成立一百周年。"红色"二字贯穿这一百年的奋斗征程,流淌在一代代共产党人的血脉中。红色江山,热血铸就;红色基因,代代相传。新时代,要精准把握青年大学生的个性特征,深入挖掘红色基因的时代内涵,充分利用新技术新媒介,创新方法手段,强化阵地建设,增强感染力和实效性,真正使红色基因厚植心间,世代传承。法学院校应从党的百年辉煌历程中汲取新时代奋进力量,努力办好中国特色社会主义高校,推动高等教育持续健康发展,为把我国建成高等教育强国而不懈奋斗。

本书通过对法学专业大学生传承红色基因的意义、目标、原则、路径等进行研究,探寻德法合治视域下高校传承红色基因的有效途径和落实方法,以培养新时代高素质法治人才。

本书由张伟负责总体设计,拟定著书提纲和统稿。沈娜、瞿佳欢、谭何兰、袁佳、黎雪等参与了提纲讨论和调查调研。本书执笔分工如下:绪论,沈娜;第一章,张伟、沈娜;第二章,瞿佳欢;第三章、第四章,张伟,第五章,张伟、袁佳;第六章,张伟、谭何兰。

本书出版时间紧,工作量大,虽然经过多次编校,仍不免挂一漏万,希望读者和专家多多指正。本书是 2020 年重庆市教育委员会人文社会科学研究基地项目(20JD017)、2019 年重庆市高等教育教学改革研究一般项目(193052)和 2019 年西南政法大学高等教育教学改革研究项目(2019C01)的研究成果。本书的出版得到了重庆市教育委员会、重庆大学出版社和西南政法大学的大力支持,在此深表感谢。

张 伟

2021 年 7 月 14 日

ISBN 978-7-5689-3073-4

更多服务

定价：42.00元